商业陷阱

COMMERCIAL
TRAPS

王建博 著

小成本创业要避开的81个坑

哈尔滨出版社
HARBIN PUBLISHING HOUSE

图书在版编目（CIP）数据

商业陷阱：小成本创业要避开的81个坑 / 王建博著. — 哈尔滨：哈尔滨出版社，2024.1
ISBN 978-7-5484-7609-2

Ⅰ．①商… Ⅱ．①王… Ⅲ．①创业－通俗读物 Ⅳ．① F241.4-49

中国国家版本馆 CIP 数据核字（2023）第 197678 号

书　　名：商业陷阱：小成本创业要避开的 81 个坑
SHANGYE XIANJING：XIAOCHENGBEN CHUANGYE YAO BIKAI DE 81 GE KENG

作　　者：王建博　著
责任编辑：韩伟锋
封面设计：树上微出版

出版发行：哈尔滨出版社（Harbin Publishing House）
社　　址：哈尔滨市香坊区泰山路 82-9 号　　邮编：150090
经　　销：全国新华书店
印　　刷：武汉市籍缘印刷厂
网　　址：www.hrbcbs.com
E-mail：hrbcbs@yeah.net
编辑版权热线：（0451）87900271　87900272

开　　本：880mm×1230mm　1/32　印张：9.375　字数：150 千字
版　　次：2024 年 1 月第 1 版
印　　次：2024 年 1 月第 1 次印刷
书　　号：ISBN 978-7-5484-7609-2
定　　价：68.00 元

凡购本社图书发现印装错误，请与本社印制部联系调换。
服务热线：（0451）87900279

前　言

在涉及商业经验的信息里，教人成功的书很多，真正成功的人很少。

原因其实很简单：成功不可复制。

太多书籍教育大家"应该做什么""需要做什么"，但碎片化的成功信息在商业逻辑的闭环系统内充满了不确定性，太多那些看起来"对的事"在受到"时间、空间、行业、人物"等变量因素影响时就不灵了，因此，"不要做什么"反而成了独立且具有普适性的务实提醒。

假如创业前能引入考驾照的模式，先背科目一，再过科目二，最后再路考……那么创业的失败率可能会降低很多。但现实是，大量创业者是先买车上路，再去学交通规则，付出了巨大代价后才懂得：不能闯红灯、不能逆行、不能酒驾、不能超速驾驶……而本书要为大家呈现的，就是提前告诉读者那些创业时不要去做的事情。

托尔斯泰有一句名言："幸福的家庭总是相似，不幸的家庭各有各的不幸。"然而，对于创业这个事，这个句式其实是反过来的："成功的公司各有神通，而失败的企业，失败的原因都很相似。"

成功虽然不可复制，但失败，则是可以避免的。

"好点子"似乎有很多，看似条条大路通罗马，实则一入陷阱误终生。既然走别人的老路不见得行得通，不如避开前行路上的那些坑，让自己少走弯路。

作者作为商业服务中的乙方，日常工作就是陪伴企业走各种各样的路。身为向导，解决问题就要不断学习，而实践永远是学习的第一现场，书本则是学习的第二现场。该书就是将作者长期以来积累的实践经验总结起来，把创业路上遇到的那些可疑商业陷阱分享给各位，将我们在商业实践中的"第一现场"变成广大读者学习参考的"第二现场"。

本书列举了81个小成本创业初期容易遇到的商业陷阱，根据不同形式和内容归纳为"心法、功法、技法"三个章节，分别从"为什么、做什么、怎么做"三个维度，深入透彻地依次分享给大家。

目录

CONTENTS

第一章　心法

商业哲学·逻辑·认知

1. 不要追求完美	002
2. 不要高举高打	006
3. 不要打造品牌 IP	009
4. 不要留恋沉没成本	013
5. 不要去教育市场	016
6. "愿景"不能当饭吃	019
7. 不要牢记失败	022
8. 不做陌生领域	025
9. 欲速则不达	028
10. 不要追风口	031
11. 不要一条道走到黑	034
12. 不要迷信创意	038
13. 不要怕模仿	042
14. 不要假忙碌	046

15. 不要过度管理	050
16. 不要只想不做	053
17. 不要只做不说	056
18. 不要误入小巷思维	059
19. 戒掉即时满足	062
20. 利可共而不可独	066
21. 闷声发不了大财	070
22. 谨慎做加法	074
23. 不要盲从传统规矩	077
24. 花钱不要太"大方"	080
25. 值钱大于赚钱	082
26. 做市场不要通吃	086
27. 不要朝令夕改	090

第二章 功法

商业模型·流程·决策

28. 品牌升级不只是升形象	094
29. 定位不要"想当然"	098
30. 打品牌不能急于求成	102
31. 客户不是上帝	105
32. 不要总想着溢价	109
33. "地缘性套利"不是万能的	113
34. 不要高估这三个创业特质	116
35. 不要脸小、怕碰瓷儿	119
36. 不要陷进"死海效应"	123
37. 不要内卷，要外卷	126
38. 不要解决"伪痛点"	130
39. 不要忽视"现金流"	134
40. 不要过度追求技术	138
41. 不要各抒己见	141

42. 不要打价格战	144
43. 餐饮业不是低门槛行业	147
44. 公关不只是大公司的专属	150
45. 卖点不要过多	153
46. 颜值非正义	156
47. 合伙不要"君子协定"	159
48. 不要争竞品之长	163
49. 不要误解"营销"	166
50. 避免同质化竞争	169
51. 避开劳动密集型产业	173
52. 别只盯着高净值市场	176
53. 不要爱上自己的产品	179
54. 小生意不要大合伙	182

第三章　技法

商业判断·经验·执行

55. 定价不要陷入成本误区	**186**
56. 不要均分股权	**190**
57. 不要设计无效卖点	**194**
58. 定位不要剑走偏锋	**198**
59. 定位有时不能宣传出来	**202**
60. 不会讲故事的老板不是好老板	**206**
61. 不要"买"流量	**209**
62. 不要盲目签对赌协议	**213**
63. 不要运营后置	**216**
64. 不要加盟短视频爆火的品牌	**219**
65. 不要进入百货商场	**223**
66. 不要只出技术不出钱	**226**
67. 不要做"拉人头"的生意	**229**
68. 不要做纯外卖店	**233**

69. 不要做明星品牌	237
70. 合伙创业避开这三类人	241
71. 广告不要只做"显意识"	244
72. 常见的门店选址陷阱	248
73. 不要依赖商业数据	252
74. 注册资本不要过高	255
75. 少用亲朋好友	259
76. 广告语不要大而全	263
77. 选址不要吃独食	266
78. 价值投资的四个陷阱	269
79. 品牌起名常见误区	273
80. 实体店不要做公域流量	277
81. 营销不要偏离消费动机	280

第一章 心法

商业哲学·逻辑·认知

1. 不要追求完美

新事物诞生之初，都是粗糙的。

当你开始追求完美主义时，你就与成长无缘了。因为**当一个人开始野蛮生长的时候，需要把大部分精力花在攫取宏观资源和"跑马圈地"上。**

过于追求精致和完美，只是在原有框架下的改良，脑子里充斥着既有模式的细节，就再也跳不出来看看全局、思考创新。

字节跳动创始人张一鸣曾说："**精致的文艺不是浪漫，粗糙的宏大才是浪漫。**"

为什么追求完美是初创公司发展的阻力，下面几点原因简单解释一下：

只有在实践中才能发现和弥补不足。

创业本身就是有风险的，无论你事先做了多少准备，学习了多少产品知识，都有失败的可能。在创业这条路上你永远都不可能准备好一切再去干,作为老板要保持终身学习的心态。

思考得再完美,都不如亲力亲为放手去干来得实在。

但是学习并不是盲目地去学,而是以问题为导向,有针对性地去学习。带着问题去学习你会萌生出一些新的创意和方法,再把这些方法运用到工作中,形成你独特的经营方式,你的企业才会取得更大的成功。

你不会有所有问题的答案。

做生意从来就不缺问题,比如产品问题、服务问题、市场营销、员工管理、财务管理等等。而且就算你做了很多准备,问题还是会出乎意料地发生,有些老板就是因为担心的问题太多而迟迟不敢行动。

老板要做的就是将专业的事交给专业的人去做,比如:人事管理、财务管理、营销策划,这些方面的问题都是需要专业的人才能干好的,外行的人看到这些问题根本不知道如何下手,你最好找专业的人帮你干,或者咨询专业的人怎么干,这会让企业少走很多弯路。

你不可能让每个人对你都满意。

很多老板都会犯一个常见的错误——试图让每个顾客

都很满意!

想要做到让每个顾客都很满意那几乎是不可能的,因为每个人都有不同的偏好和需求,甚至是不良偏好,无理要求。

所以没有必要把"要让每一个顾客都满意"当作企业成功的标准。

比如有的顾客跟产品质量高的商家谈价格,跟产品价格低的商家谈质量。当你试图去满足这些低质量的客户的时候,势必要做出妥协,这会让你浪费很多资源,企业的业绩目标也会发生偏离。

相反,你要做的是针对目标顾客,推出他们喜欢的项目、服务、产品,只要吸引顾客来购买就可以了。

创业前期企业的各个板块都是不完善的。

创业前期很多地方都是不完善的,在你没有组建好团队之前,可能你要身兼数职,你需要自己去做很多事情。而且,很多企业和门店在没有足够多的运营资金时,缺乏某些资源是常态,这是所有初创公司的共性,是客观无法短期弥补的障碍,要理性看待。

你不可能一个人做所有的事情。

很多老板在安排工作给员工做时都会有一些担心和顾虑，担心员工做不好，感觉只有自己亲自去做才能够做好。

其实这种想法通常是不正确的，原因有两点，首先大多人在某些方面很擅长，但是在其他的方面做得却一般般，换个领域你未必有员工做得专业。

其次，老板在创业前期可能不得不多做很多事情，但从长远的角度来看，会严重影响企业的发展，学会授权和放手对公司的发展至关重要。

2. 不要高举高打

英国哲学家培根说过一句话：

"人世间最大的谄媚者是一个人的自我，和它相比，其他的谄媚者都显得很理智。"

创业者常犯的一个认知错误就是：高估自己。

由于高估了自己的能力，太想证明自己，低估了困难，于是蓝图计划一定，就振臂一呼，高举高打，结果定位和目标都过大，而眼前的进展又太过艰难，最后半途而废。

最终有结果的创业者在事业初期，做的都是"泥腿子"的事儿，从"小产品、小机会、小切入点"入手，集中优势兵力做小事儿，最短时间内获得正反馈、正向激励，这样才能先小后大，建立起信心后步步为营。

企业前期，一定要解决一个非常小的、具体的问题。Facebook 创业初期就很简单——分享照片，非常具体。

"去哪儿网"是找最便宜的机票，这是一个非常小的点，看上去也很不起眼。

互联网打车也是一样。在出租车这个行业，出租车司机每天工作十几个小时，每个月才赚五六千块钱，这是很多大商业巨头最初看不起的小钱。

中国互联网很奇怪，最后成功的创业公司都从非常小的东西开始的，这些公司在A轮投资的时候都很难，就因为起点低，很多投资人看不上。

这样就不难理解，为什么很多大企业的高管在跳槽单干创业后，结果并不理想。长时间的身居高位让人很难低下身段从事基层的工作，同时，认知上高估了自己，低估了平台，造成商业计划书与执行层面的断层，最终难产。

世界顶级音乐家约夏·贝尔，应媒体的要求，做了一个实验：他在地铁口匿名卖艺，演奏了45分钟，才收入32美元。而他两天前，在一家知名歌剧院的公演，门票价格平均200美元一张，很快被抢购一空。

其实，我们对一个人的价值与能力的判断是综合得来的，说一个人很了不起，很可能是因为他在一个很了不起的平台上，或是有一个很棒的团队在协助，一旦他离开了这个平台，断绝外部的一切资源，他就很难再翻身，现在很多人一夜之间大红大紫，又忽然销声匿迹就是如此。

创业也是如此，很多人在大公司如鱼得水，做得很棒，就想着自己去创业，可一旦离开大公司才发现，离开了平台，离开了资源，自己能做的事很有限，曾经对你恭敬、信任的人，也变了嘴脸。以前轻而易举能做到的事，也变得非常困难。

所以，在你要离开一个不错的平台，打算自己创业时，先考虑清楚，你的项目离开这个平台的加持，没有资源的支持，还能否走得通。当然，有资源可以利用，但没有这些也必须能生存，这才是"可持续"的生意，否则，就不要仅靠冲动去创业，也不要高估了自己。

3. 不要打造品牌IP

广告营销界的鬼才"金枪大叔"在《借势》中说过：

一个亿以下的生意都不需要标识。

品牌 IP 也是一样，都是企业一厢情愿的自嗨，IP 和标识都是品牌自己创造出来的识别障碍，在没有完全自洽的系统和巨额的推广资金时，品牌踏踏实实地用文字名称就好。

品牌文字名称就是绝大部分企业的标识和 IP。

这里不建议企业和品牌做 IP 的原因不仅仅是高投入预算的问题，而是打造 IP 对于品牌和企业来讲，是可遇不可求的事情，是要具备天时、地利、人和才能完成的壮举，这对于一般企业来讲是不现实的。

很多广告人都爱拿麦当劳的大 M、肯德基的老爷爷、迪士尼的米老鼠和星巴克的美杜莎来做案例，但案例说了这么多年，这个世界的市场却还是这几个 IP 形象……

有些品牌天然是 IP，有些品牌则不然。

天然是 IP 的品牌：旺旺、小茗同学、米其林、MM 豆、天猫。

天然不是 IP 的品牌：京东、苏宁易购、知乎、七喜。

大家发现其中的差异了吗？上面的品牌，品牌名与 IP 的角色名相同；下面的品牌，品牌名和 IP 名是两个称谓。

京东的 IP 形象是只小狗，叫 JOY；苏宁易购的 IP 形象是头狮子，叫苏格拉宁；知乎的 IP 形象是北极狐，叫刘看山；七喜的 IP 形象是个人，叫 Fido Dido。

大家不要小看这点儿差别，无论品牌还是 IP，都是对消费者大脑的一场长期投资，只不过品牌专注于消费者的心智，IP 更偏重于用户的情志。

每个企业的预算都是有限的，当我们把焦点落在品牌名上，就会弱化 IP 角色；当我们强调 IP 时，品牌名和品牌的功能属性就会让位。

所以，当天猫和京东一起做 IP 推广时，天猫会事半功倍，而京东会事倍功半。而当企业还不是京东这种财大气粗的广告主时，你更要掂量一下钱包的分量，到底足不足以同时开辟两个战场。

初创企业，如果想用 IP 思维去打造产品，那么一定要从一开始就统一品牌和 IP 的符号系统；而成熟企业，如果想做 IP 化转型，就要做好打持久战的准备。

很多国内企业想用 IP 改造品牌，其实背后有一个很大的野心，那就是跨界生长。企业家的想法是这样的：当我重资打造了一个 IP 帝国，当用户因为 IP 非理性地追捧我的产品时，我就可以把触手伸到其他领域，打破行业壁垒、打破企业增长瓶颈，跨界生长。

但不要被 IP 跨界迷惑了。IP 跨界的前提是有界，是拥有足够强大的内容资产，才可以在不断跨界中稳扎稳打。

迪士尼是全球最大的 IP 帝国，他们曾公布了 2019 年第二季度的财报，季度营收为 149.22 亿美元，净利润达到了 54.52 亿。这样惊人的营收，要归功于迪士尼的一种独特的盈利模式——"轮次收入模式"。

首先，迪士尼通过《疯狂动物城》这样的超级 IP 让全世界影迷尖叫。

然后，迪士尼凭借旗下密集的媒体渠道，对 IP 进行铺天盖地的宣发推广，并获得版权营收和用户订阅费（如迪士尼旗下的 ABC 国际电视集团可以覆盖全美 96% 的家庭用户）。

而后，通过主题乐园让 IP 与用户互动，线下体验虚拟童话世界，诱发餐饮、住宿、购物等一系列消费行为。

最后，用品牌授权和周边衍生品收割 IP 的"死忠粉"。

必须要强调的是：迪士尼的"轮次收入模式"是有先后顺序的，必须先有爆款内容，以超级内容为引擎，才有后续的三个变现行为。也就是我们之前提到的，IP 是先有内容，才有产业。

对很多企业而言，"品牌 IP 化"更像一场梦。梦醒之后，不仅要继续面对狼藉的现实，还要努力压抑昨夜的激动。

4. 不要留恋沉没成本

"沉没成本",指的是人们在决定是否去做一件事情的时候,不仅要考量这件事对自己有没有好处,而且还时时惦记着在这件事情上有过的投入,那些已经发生、不可收回的支出。一些巨无霸企业仗着家大业大,即便意识到大势已经发生了改变,相关决策却还是一条道走到黑,希望"能多少挽回点儿损失",结果却是窟窿越来越大。

沉没成本即已发生或承诺、无法回收的成本支出,如因失误造成的不可收回的投资。沉没成本是一种历史成本,对现有决策而言是不可控成本,不会影响当前行为或未来决策。

从这个意义上说,在投资决策时理性的决策者应排除沉没成本的干扰。

2001 年诺贝尔经济学奖获得者之一的美国经济学家斯蒂格利茨用一个生活中的例子来说明什么是沉没成本:

> 他说,"假如你花 7 美元买了一张电影票,你怀疑这个电影是否值 7 美元。看了半个小时后,你最担心的事被证实了——影片糟透了。你应该离开影院吗?"

"在做这个决定时,你应当忽视那 7 美元。它是沉没成本,无论你离开影院与否,钱都不会再收回。"

斯蒂格利茨在这里不但生动地说明了什么是沉没成本,而且还指明了我们对待沉没成本应持怎样的态度。

当年手机巨头诺基亚黯然退场,不少人怪在 CEO 史蒂芬·埃洛普这个"无间道"头上。还有一种说法认为,**如果诺基亚还能给后人一些警示的话,那就是企业千万不要对"沉没成本"过分眷恋。**

对诺基亚来说,塞班系统正是它的"沉没成本"。塞班公司由诺基亚与爱立信、摩托罗拉等于 1998 年合资成立,但是,与苹果的 ios 系统和谷歌的安卓系统相比,塞班在触摸屏体验、兼容性和移动应用等方面明显缺乏竞争力,在与个人电脑和互联网的交互及扩展方面也存在很大劣势。尽管诺基亚凭塞班系统一度占据智能手机市场 50% 以上份额,但不久就开始走下坡路。在决定下一步该怎么转型的时候,诺基亚放不下"沉没成本"。

2008 年,诺基亚仍执意收购塞班公司所有股权,将之作为自己的独占系统。2009 年底,摩托罗拉、三星、LG、索尼爱立信开始纷纷终止研发塞班平台,转而采用安卓系统;2010 年,塞班被安卓赶超;2010 年 10 月,诺基亚聘请微软前高管埃洛普出任总裁,后者做出了与微软结盟的决定……

　　沉没成本是经济界最棘手的难题之一，处理不好很容易导致两种误区：**害怕走向没有效益产出的"沉淀成本"而不敢投入；对"沉没成本"过分眷恋，继续原来的错误，造成更大的亏损。**

　　沉没成本产生的原因有以下几类：

- 策划或决策失误。

- 前期调研、评估、论证工作准备不足，造成中途出问题而无法进行下去。

- 有良好的策划、计划，但执行中偏离轨道，造成事与愿违的结果。

- 执行中发现存在问题，但没有及时调整策略、方案，而是一意孤行。

- 危机处理能力不足或措施不当，使事态扩大及蔓延。

　　那么，如何尽量避免决策失误从而产生沉没成本呢？这就要求企业有一套科学的投资决策体系，要求决策者从技术、财务、市场前景和产业发展方向等方面对项目做出准确判断。

5. 不要去教育市场

很多初入商业的创始人很理想化,总想着改变传统认知,去教育市场。

这类老板大概率是要被市场教育的。

不要去教育市场,而要去顺势而为。

一个没有得到市场共识的点子,就没有了市场价值,不要试图去营造共识,因为大部分企业都不是行业内的老大,教育市场的成本和代价是异常昂贵的。

其实有很多所谓的创业项目不过是"伪需求创业"。

比如前几年餐饮行业出现的"泡面小食堂",通过几个互联网传播的短视频火起来,然后全国各地开业,最后又大规模关店。风风火火的几个月,这背后是无数餐饮人盲目跟风的资金投入,也是创业希望的破碎。

这归根结底在于,泡面本来就是一个简易的居家方便食品,不具备成为堂食高频复购的一个品类,非要将消费者心中一个可带走的、低成本的品类"教育"为一个有利润价值且在固定场所高频堂食复购的产品,本身就是痴心妄想。

这在餐饮行业其实很多见,以为花费数日研究出的餐饮新项目,即将成为年入百万的品牌商,但最后往往以亏本关店收尾,不然,你以为餐饮行业低投入、高关店率是怎么来的。

都是因为他们所谓的新项目,更多的是市场"伪需求"。

市场不是不能被教育出来,是可以烧出来的,比如滴滴出行、外卖,但这种事儿,是一场攻坚战,需要强大的资金,适合巨头们去做,不是初来乍到的创业者该做的事儿。

创新,一定是要创造价值、造福顾客的。比如如下的三种类型创新:

(1)革命性的创新

人们需要跑得快的马车,但最后胜出的却是汽车;人们需要方便的手机,但最后胜出的却是接近"手机电脑"的智能手机,这就是革命性的创新;如外卖,在堂食、外带之外,让顾客不用出门就能吃到各式各样的餐食。

（2）微创新

就是细分市场的创新，如口味上、工艺上的创新，如将国外传过来的比萨，加上本土的水果榴莲，开创榴莲比萨；或者是将正餐里的酸菜鱼、锅包肉变"小"，做成快餐、小吃。相对而言，这种创新比较容易，在餐饮业也比较常见。

（3）把成熟的商业模式放到成熟且空白的市场

把一线城市成功的商业模式放到三、四线城市，如华莱士、德克士等，这种模式，前期可以直接复制商业模式，但后期要立足，还是得根据当地市场做创新、调整，这也不是一件容易的事儿。

总之，第一个吃螃蟹的人，可能吃的不是螃蟹，而是毒蜘蛛。

做持久生意，大部分项目讲究的是高频刚需，不要当成一次性的生意，而要融入人们的生活，这样的点子才能落地和持久。

6. "愿景"不能当饭吃

想要创立一家伟大的公司，拥有远大的愿景是有必要的，因为它就相当于是一个灯塔，朝着这个方向努力，就可能打造出一家非常厉害的公司。

可是愿景毕竟是愿景，它只能是我们创业路上的灯塔或者是动力，千万不要眼睛只盯着愿景，还要脚踏实地往前走。**因为愿景是创业者一步一步走出来的，而不是满嘴跑火车说出来的。**

如果我们整天讨论愿景问题，就会出现眼高手低的情况，甚至会出现闭门造车的现象。

最近这些年，由于国际、国内有太多企业因为愿景远大而获得巨额融资，这也导致有一大批创业者在忙着规划公司长远的未来。他们的 PPT 做得非常精美，会让很多投资人一时头脑发热，决定投资。可是事实证明，**想得太多的公司失败概率要比那些低头做事的公司多得多。**

大家有没有发现这样的创业者，当你问他创业的目的是什么时，他们不会告诉你，他不是为了人类，也不是为了环保，而是为了让家人过得好一点儿。

这一类创业者通常会被认为是没有远见的人，也是没有公司愿景的人，会给人一种没有出息的感觉。实际上并非如此，我们真正要看的是他们是怎么做的。

王健林曾经表示，在创业的时候，打算赚到一个亿的时候就退休，没想到很快就赚到了。如果那个时候退休，有点儿太早了。后来修改了目标，等公司营收超过 1000 亿的时候再退休。没想到的是，只过了几年，这个目标也实现了，王健林依然觉得自己还很年轻，于是就干到了现在。

王健林很少谈到万达的愿景问题，他能做的就是做好眼前的事，可是万达集团的发展却是越做越好。王健林本人甚至一度登上中国首富的宝座。

因此，那些整天满口愿景的创业者不一定会比那些踏踏实实做事的创业者拥有更高的成就。反而是那些能够从小事做起，并且克服一个又一个困难的创业者要重视。

我们再回到腾讯的起点——QQ，QQ 在研发出来的时候只是一款免费供人使用的软件而已，至于能不能帮助腾讯成为一家万亿级的企业，这是从来都没有想过的事情。

马化腾的想法非常简单，先让这款应用有足够多的用户再说。至于能不能盈利，暂时先不考虑，因为有了那么多的用户，一定能够找到赚钱方式的。

于是很快就推出了会员、Q币、表情包等盈利产品，这也让腾讯有了做大做强的资本。再后来，腾讯又挖到了游戏、金融等两大金矿，这才有了如今的"腾讯帝国"。

腾讯在发展过程中做出的很多细小的尝试，都是一个创业者在创业之初无法预料到的事情。现实远比想象复杂得多，任何一个小的变量发生改变，都会导致我们之前做的计划发生很大的改变。因此，过于详细地规划未来，远没有做好当下的事情重要。只有做好当下，才能期待更好的未来到来。

再来看国际上比较有名的公司的一些案例。推特原本只是奥德奥公司的一个小项目，只需要一个程序员一周时间就能写出一个类似于推特的原始代码。它的目的也很简单，只是想让大家表达一些简短的想法而已。没有想到的是，如此简单的功能受到了很多网友的喜爱。在此基础上，推特才开始进行迭代，进化成了如今的推特。

如果我们真正决定打造一家伟大的企业，那么真正应该做的就是做好当下的一些事情。未来是不可预知的，只要做好当下，自然可以等来一个比较好的结果。

7. 不要牢记失败

创业跟打仗非常相似，但是又有本质不同。

创业和打仗相同的一点是，所有人都要有"胜败乃兵家常事"的心态。只要一个人创业的次数足够多，总会有失败的时候。

创业跟打仗最本质的区别就是打仗失败了要命，创业失败了，只不过是要钱而已。正所谓"留得青山在，不怕没柴烧"，只要我们能够调整好状态，就可以开始下一次创业。

可问题的关键是，很多创业者在经历过一次失败的创业之后，那种感觉是痛彻心扉的，久久不能平静。**这也严重影响到了创业者的下一次创业。归根结底，这是创业者心力不强造成的。**

一个成熟创业者心力强大的最基本表现就是忘记失败，不让过往的经验影响了自己的判断。

创业者就应该像是一个恋爱多次的老手，虽然可能再次分手，但是不会为分手感到痛不欲生。他们反而会很快调整好情绪，投入下一段感情之中。这不是对上一段感情的不珍惜，而是真正的"拿得起，放得下"。

创业路上，我们可能每天都在面对着失败的情况发生，只不过很多都是小失败而已，很快就能调整过来。创业者真正产生差别的地方就是他们在面对大的失败时会有怎样的表现。

有的创业者会让情绪表现在脸上，吓得合伙人、员工都不敢上前。这其实又会影响公司整体的团结氛围，甚至会让公司内部出现随时会倒闭的传言。而有的创业者则对于失败很坦然，甚至会表现出一种"我已经忘了"或者是"在我的意料之中"的感觉。

2023年4月20日，马斯克旗下的SpaceX斥资30亿美元研发的全球最大火箭星舰进行了首飞，结果刚发射不久，火箭就在空中爆炸了，化成了一团火球。

如此大的失败对于普通的创业者来说，可能是致命的，因为他投入了巨大的资金和如此多的心血，换来的却是一次惨痛的失败。

就在大家想要看到马斯克很沮丧的表情时，马斯克却表现出了"结果可以接受"的姿态，让人感觉马斯克真的很洒脱。这也不会给SpaceX的工程师们造成较大的精神压力。

也许马斯克的内心很沮丧，或者是在滴血（毕竟这是一个

30亿美元的大项目），但是马斯克却没有表现出来。这是一个成熟创业者应有的表现，他给所有创业者做出了一个榜样。

最近这些年，**人们比较喜欢讨论的一个词就是逆商**，它是在智商、情商这两个词的基础上延伸出来的词，它主要是指一个人对于逆境的处理能力。如果一个创业者拥有较高的逆商，那么在面对失败时，他们就会更坦然，更加沉着冷静。

因此，逆商在一定程度上跟心力是比较类似的词，它考验的都是一个人内心的承受能力。

面对逆境，面对失败，**我们要学会接受失败，并且忘记失败**。不能因为暂时的失败就一直耿耿于怀，影响到我们下一步的行动。失败一点儿也不可怕，可怕的是我们让过去的失败不断影响着我们现在的决策。

有人会问，我们已经很努力忘记失败了，可是内心总是会有各式各样的杂念冒出来该怎么办呢？毕竟锻炼逆商、提高心力这种事情说起来简单，做起来却很难。每个人的经历不同，修炼程度也不同，被创业路上的杂念影响很正常。重要的是我们怎么处理这些杂念。

既然是杂念，那么就不是公司发展过程中必须拥有的东西，因此，我们可以选择以战略性忽略的方式来对待。把杂念交给时间，时间会给出一切答案。

8. 不做陌生领域

跨行业成功，只是个例。

创业者选择项目方向，要从自己相对熟悉的领域和行业入手。

每个行业都有其独特的规则和规律，每个门槛并非想象中那么容易进入。在任何一个行业中，内行的钱是很难赚的，基本上都是内行赚外行的钱。如果对一个行业一窍不通，只是跟着市场上的厚利走，就增大了创业的风险性，行业前景判断模糊，管理无法深入细致，这样很容易导致失败。

大家都知道创业需要很多资源，如：资金、人脉、渠道、市场、供应链、团队等等，但其实会忽略一个每个人都有又很重要的资源，就是创业者自身的经验。

做生不如做熟。在当前市场下，重新学习的时间成本和试错成本太高，创业者只有在自己相对熟悉且擅长的领域，才更容易形成优势，更容易在激烈的竞争中脱颖而出。

我之前做过微信公众号，当年的公众号翘楚是"咪蒙",创业一年,收获粉丝600万,广告收入数千万,你以为她一开始创业就是写文章吗?

大学毕业的咪蒙在《南方周末都市报》任职,从最初的实习编辑,一直认认真真地写了12年,写到了"南都"的首席编辑。而后下海创业,弄了相对跨行业发展的"影视公司"。创业的那一年,咪蒙保持着在"南都"一般的勤奋与努力,而她的影视公司却不知不觉把400万的投资差不多消耗一空,公司却没有太大起色。咪蒙的那段创业史最后以失败而告终。

用咪蒙在公众号更文《夏洛特烦恼:男人为什么总想搞自己的初恋?》中的一句话说:总不能生活"强奸"了你,你就认了还给他生个孩子。不要甘于被生活"强奸"啊,我们也可以主动"强奸"生活啊。

这是后来咪蒙写的一篇阅读100万+文章里的一句话。

就这样,咪蒙放下影视公司,回到自己最擅长的领域,写文章。在微信的公众平台注册了"咪蒙"账号,成立了自己的团队,用了4个月的时间,辛耕苦做,写出了多篇获得百万阅读的文章,公众号粉丝顿时上升到200多万(早期数据)。当时也算是新媒体中的佼佼者。

这一次创业，让咪蒙短时间逆袭成功。

由此可见，对创业行业越熟悉，创业者越能准确判断行业的发展趋势，做出更好的决策，也能对竞争对手有一个清晰的了解，防止闭门造车现象的产生。不是每个行业都可以作为创业目标，也不是每一种行业都正处于最好的创业时机。不是爱拼才会赢，而是拼对才是赢，创业者们选择无脑跟风致使创业之路举步维艰，倒不如选择跳出风口之外，做自己擅长且有优势的事。

9. 欲速则不达

雄心的一半是耐心。

很多创业者有雄心，但是没有耐心。

我国自 21 世纪初到现在，涌现了太多优秀的企业家和巨无霸企业，每个企业和创始人的故事都足以写成一本传记。这些被人津津乐道的故事为后来的创业者们打了一剂鸡血，于是，"一年一百家连锁店、跑马圈地拓市场、三年龙头、五年上市"等一系列的目标愿景和豪言壮语在激励员工和投资人的时候连自己都深信不疑。

而实际上，任何一个团队的成功与企业的成就，都绝非一朝一夕，都蕴藏着至少十几年的沉淀，如同冰山海平面下方的面积，如同大树在地底的躯干。

有时候，我们要明确一个概念，**慢就是快**。为什么很多人一开始创业就拿出所有积蓄准备大干一笔呢？原因很简单，他们想要快速赚到钱。可是快速赚钱的结果就是快速赔钱。反而是那些想要慢慢赚钱的人很快就会积累够自己的第一桶金。

因此，**超低成本创业一定是刚开始很慢的一种创业方式，但是它抵御风险的能力极强**。在我们没有资金实力的时候，抵抗风险要比赚钱更重要。

有着"立功、立言、立德"完人之称的曾国藩并不是一个熟读兵法、足智多谋的战略家，恰恰相反，他在带领湘军之前，并没有多少带兵打仗的经验，也不懂什么用兵之道。之所以能赢，其实就六个字——结硬寨，打呆仗。

曾国藩从来不与敌军硬碰硬地短兵相接，即使在胜算很大的情况下也从不主动发动攻击，而是每到一个地方就在城外扎营，然后挖战壕、筑高墙，把进攻变成防守，先让自己处于不败之地。

太平军是非常骁勇善战的，总想跟湘军野战，而湘军就是守着阵地不动，就算太平军再能打，碰到这种路数，也是毫无办法。

攻城一开始，湘军就不停地挖沟，一道又一道，直到让这个城市水泄不通、断草断粮，等到城里弹尽粮绝之后，再轻松克之。

就这样，一座城接着一座城，一点一点地挖沟，一步步地往前拱，就把太平天国给拱没了。

湘军每打一个城市，都不是用一天两天，而是用一年两年，大部分的时间都在挖壕沟，当时的湘军看起来更像是一个施工队，被湘军攻打过的城市，如安庆、九江等，城外的地貌都被当年所挖的壕沟改变了。

湘军与太平军纠斗13年，除了攻武昌等少数几次有超过3000人的伤亡，其他时候，几乎都是以极小的伤亡，获得战争胜利，这就靠曾国藩六字战法：结硬寨，打呆仗。

美团王兴在接受采访时对记者说："多数人对战争的理解是错的，战争不是由拼搏和牺牲组成的，而是由忍耐和煎熬组成的。"

无论是战争、商业还是个人层面，道理都一样，要想走出困境或者取得胜利，靠的都是耐心，而不是某个突发性的、奇迹般的胜利。很多时候，你只需要按部就班地做好自己该做的事，等时机来临时，一切都会有所改变，只是在那之前，你必须要有足够的耐心。

10. 不要追风口

独立思考的能力是每一位创业者必备的素质，不要成为盲目从众的牺牲品。

如果作为创业者，你还没有一套自己的价值观和系统性的思维逻辑，那最好先不要创业。这说明你还不具备进入市场厮杀的条件和能力。

全民创业时代，最不缺的就是风口，就近几年来讲，电商、直播、带货、比特币、元宇宙……概念风口层出不穷，几乎每个风口都会创造出一个收入奇迹，涌现出若干"劳动模范"，在巨额的金钱光环加持下，让每一个创业小白趋之若鹜。

但不可忽视的是，在所有热门风口和"热钱"涌入的市场中，都短期存在着巨大的风险和竞争，高烈度的零和博弈制造出鲜明的市场马太效应，那就是少数的"赢家通吃"，大部分的"一地鸡毛"，强者更强，弱者更弱，财富和收入较之其他行业领域，金字塔结构现象更为明显。小成本的创业者想在风口中盈利无异火中取栗。

市场规律和历史规律有时惊人相像。

苏轼在《赤壁赋》里有一句感慨，放在今天的创业风口大潮下，依然适合。文章说昔年曹孟德破荆州、下江陵，顺流而东，舳舻千里，旌旗蔽空，固一世之雄也，而今安在哉？大致意思是，像当年曹操那么牛的人又怎么样呢？他坚持了多久？改变了多少？如今又在哪里呢？

历史向前是一种碾压的态势，如同市场向前的潮流，没有人能永垂不朽，而每一个创业者，则一定要活出自己的人生。

现在大家伙儿整天念叨的马斯克、乔布斯，说不定多少年后就再也没有人会提起他们，就像当年受到爱迪生打压的鬼才物理学家、发明家——尼古拉·特斯拉，他被后人称为"创造出二十世纪的人"，但若不是马斯克用他的名字做了特斯拉汽车纪念他，还有多少人能记得他？

既然是风口，也就意味着它的速度很快，来得快，去得也快。风口的红利期很快，一个风口过去又有人疲于奔命地去追逐下一个风口。

追风口看似容易，其实是一件很需要能力的事情，对风口的嗅觉敏锐度，快速的学习能力，看到风口后强大的执行力和操盘能力，而这些都是普通创业者不具备的。

所以很多人在追风口的道路上翻了车，赔了夫人又折兵。

一味地追逐风口，不如找一个大周期的项目持续地进行积累，只要这个需求还存在，这个市场结构还存在，你就一直可以在这个行业里面进行积累。

"风口"和潮流、时尚是一样的，是"只能等，不能追的"。 如何去做一件事，是战术行为。明白自己最想做的是什么，这就是战略思考，战略思考的价值要远高于战术行为的价值。

不要追风口，让口袋和脑子先丰满。

11. 不要一条道走到黑

创业最美好的故事当然是一个创业者进入了一个行业之后，一做就是一辈子，最终将企业做成了行业内的"隐形冠军"。

可是大多数人创业都不可能那么顺利，更有可能是干一个失败一个，你就只能不断尝试，直到最后的成功。

为什么会出现这种情况？

原因则是我们在决定某件事的时候，大多只是从理论上跑通了这件事。可是在我们实践的过程中，你会遇到各种各样的问题，比如：法律不允许、竞争对手强势压制、行业存在暗箱操作、消费者并不需要、风口已过等等。

任何一个细微变化的发生，都有可能让结果朝着不可控的方向发展。当结果开始变得失控的时候，及时止损就是一种比较聪明的做法，毕竟，"留得青山在，不怕没柴烧"。

有些创业者，明知道已经失败了，可是还要卖掉房子做最后一搏，最终的结果就是负债累累，妻离子散。

创业中，"专注"这个词固然重要。因为当一个人在一个行业深耕20年以上的时候，至少会给人一种靠谱、值得信赖的感觉。反而是那些两年换三个行业的创业者会让人感觉有点儿不靠谱，总是在玩虚的东西。实际上，我们也不要看不起那些经常变更行业的创业者，他们可能会给人一种不接地气的感觉，但是他们其实是比较会变通的一些人，一旦将一件事做成功，就是不得了的成就。

比如国内团购以及外卖巨头美团的打造者王兴，他也不是一上来就成功的。王兴的第一个项目是"多多友"，这是一款社交应用，功能类似于网页版的QQ。由于当时有很多竞争对手，再加上多多友是网页版，网友丢弃的成本很低，因此没有做起来。

在第一个项目失败之后，王兴又开始了第二个项目"游子图"，这是一款专门针对海外游子的应用，可是由于目标受众太小了，再一次失败。

有了前两次的失败之后，王兴开始做"中国的Facebook"——校内网，这一次做对了，用户数量增加得很快。这本来是一件好事，但是王兴没有钱租额外的服务器了，这是非常头疼的事情。刚好，千橡国际的陈一舟出现了，想要花钱买下校内网，但是价格很低。

王兴是不乐意的，因为王兴知道校内网的潜力，它有可能就是中国的Facebook,未来的增长潜力是无限的。他也试着找了几家投资机构,但是都没有投资,这让王兴非常沮丧,最终以1900万的价格卖给了千橡国际。

谁知道陈一舟刚接手校内网,就拉来了4.3亿美元的融资。校内网后来改名人人网,在美国成功上市,市值最高接近75亿美元。

对于普通人而言,创业赚1900万也挺不错了,但是对于有福建龙岩首富背景以及清华毕业背景的王兴来说,这笔钱根本不算什么,失去的才是最惋惜的。

卖掉校内网之后,王兴又创立了一个偏向于社交的网站"海内网",可惜依然以失败而告终。尽管王兴知道社交领域有无穷大的潜力,但是在接二连三的失败面前,王兴最终还是决定放弃社交领域了。这才有了美团的故事。

就在王兴好不容易让美团从"千团大战"中胜出之后,美团并没有太大的想象力,因为很多人还是不习惯下载美团来搜索优惠券。在发掘外卖领域有机会后,美团外卖顺势杀出,最终让美团坐稳了国内第三互联网市值的位置。

不仅国内如此,就连以工匠精神著称的日本也不例外,任天堂大家都知道吧，这是日本非常有名的游戏公司。但是在此之前呢？任天堂卖过扑克牌、吸尘器，还开过汽车租赁公司以及情侣酒店。

创业能够专注固然是好事，但是在知道走不通的时候，及时调整方向，也是一种选择。

12. 不要迷信创意

这是一个流行创意的时代，越来越多的人开始谈论"创意"，关注"创意"，甚至投资"创意"，对于广告行业，尤其不缺创意。**想出一个创意并不难，难的是想出一个有价值的创意，更难的是怎么让创意落地，并使之与实效结合，产生价值。**

创意很重要，但是创意在执行中有无数次跑偏的机会。只有具有对作品的理解、对受众的尊重和对品质锲而不舍的追求，才能保证将创意落地成有价值的东西。

不要迷信创意，也不要迷信灵感，所谓创意或灵感只是给你指出了方向，而这才刚刚开始，距离成功还有很长一段路要走。

创意的天敌是不接地气。现在都说创意是"金点子"，但含金量有多少，还是要看创意能否得到市场的认可。创意如果缺少与市场接轨的意识、缺乏解决客户痛点的能力，一味天马行空，纸上谈兵，不能实用落地，就算不上真正的创意。有些创意很牛，但是如果因为追求创意忽视了产品原本的功能，就有些本末倒置了。

创业中一定不会变的事情就是改变。

我们的公司需要根据随时发生的意外情况做出及时的改变，因此，创业之初的想法往往是不值钱的。因为很多创业者的创意大多是在"自嗨"，缺乏必要的市场验证，再好的创意也只是理想状况下的情况而已。

我们以健身市场为例，随着国人对于健康的重视，健身市场的空间是不是会很大？做一个线上健身的APP，专门教用户锻炼身体是不是非常有价值呢？

假如APP采用免费的方式教大家锻炼身体，是不是有望吸引上亿的用户呢？一款APP在有了上亿的用户之后，是不是就很容易赚到钱了呢？比如说：卖跑步机、健身课程等。我们先不说很多APP根本就拿不到足够的融资，最终死掉。就算你拿到了融资，并且成了这个领域的老大，就真的能赚到钱吗？

不一定，Keep应该算是健身APP中的老大了吧？拥有3亿用户，只要能从每个用户身上净赚1块钱，一年的净利润就有3亿元。这样想是不是正常？

而实际上，Keep想要赚3亿元比登天都难。很多用户就是为了免费使用这款APP的，对于付费的内容，一点儿也不感兴趣。2019年—2021年，Keep净亏损分别为 7.35 亿、22.4 亿和 24.6 亿。事实证明，有了用户之后，想要赚钱还是有难度的。Keep 用实际行动证明，用户多和赚钱多不能画等号。

当然，你也不要因为自己的创意得不到资本的青睐就自甘堕落，因为大多数创业者在创业之初的创意都是昙花一现，为了生存，不得不改变创业方向。

全球知名招聘平台领英创始人霍夫曼表示，领英一开始只是想做一个社交网站，但是社交网站并没有那么好做，很快就以失败而告终。也正是因为这一次的创业失败，才让他及时扭转创业方向，创立了领英。领英在成长的过程中运用到了上一次创业积累的运营知识，这才有了影响巨大的领英的诞生。

运动相机 GoPro 的创始人伍德曼一开始也没有想过要做运动相机，而是创立一个关于游戏和营销的平台 Funbug，仅仅两年时间，Funbug 就烧光了 390 万美元，倒在了互联网的泡沫里。创业失败之后，伍德曼到海边度假散心，他发现了很多冲浪的人或者是游泳的人有拍视频的需要，于是就有了 GoPro。

创业就是这样，不管你曾经的创意多么完美，总是会有各种各样的情况出现，让你改变主意。

跟创业之初的一个好创意相比，一个执行力强、能敏锐感受市场并适时调整方向的好团队要重要得多。

13. 不要怕模仿

很多人认为创业就是创新，心理洁癖似的鄙视抄袭和模仿，这是一种极不成熟的创业心态。

成功没有捷径，如果有的话，那就是"模仿"！

中国是从"山寨大国"一路走过来的，现在有了自己高精尖的科技企业。无独有偶，当年的日本在工业制造业刚起步时，也被欧美等发达国家戏谑地称为"抄袭大国"。

向已成功、已取得结果的案例和企业去学习，模仿其精髓，适度加以本土化和创新，是最稳妥的成功之路。

当我们了解越来越多的企业家创业经历之后，你就会发现成功好像是有捷径的。要不然，有的老一辈企业家努力了一辈子，也就是打造出一家百亿级的企业。新锐的互联网大佬们只用了不到十年的时间，就能创造出一家万亿级市值的公司。

同样是顶级的企业家，为什么他们做事成功的速度却有很大区别呢？

最根本原因是这一届年轻企业家更懂得成功的捷径就是模仿，尤其是互联网领域的模仿，最为迅猛。

中国互联网的开端从一开始就是模仿。国内最先火起来的是三大门户网站网易、搜狐、新浪，他们都有雅虎的影子。之后就是腾讯、阿里巴巴、百度，也全都参考了海外现成的模板，搬到中国之后，在资本的助力之下，就相对容易地成了巨无霸一般的企业。

由于腾讯、阿里巴巴、百度分别占了互联网领域社交、电商和搜索的三大坑，之后的企业开始往细分方向发展。

美团的出现成了一家承上启下的互联网企业，它模仿了团购鼻祖Groupon，但是由于中美两国的消费习惯以及人口密度的不同，美团对Groupon实现了碾压的态势。再到后来的拼多多和字节跳动，他们可能有参考海外公司的创意，但是在内核进行了很多改良，原创度更高了。

可能大家也发现了，中国的互联网行业之所以能够发展如此迅猛，就是因为我们的模仿能力是无与伦比的。刚好我国又有全世界第二多的人口，这也是我国以模仿起家的互联网企业规模能够超越原创的根本原因。

可能又有人问了，为什么中国的互联网企业创新越来越多了呢？

那是因为中国与美国之间的互联网信息差越来越小。30年前，能够发现美国有流行网站的中国创业者可能只有1000人，敢于将这种模式搬到中国的，可能只有两三人。因此，以前你只需要跟两三个竞争对手竞争就行了，竞争相对来说是比较弱的，也容易形成三家并立的情况。

到了 2000 年，已经有相当多的中国创业者发现从美国照搬模式就能获得巨大的成功，于是当美国出现一个创新的时候，国内也至少会有上百个创业者来做。

到了美团时代，已经到了竞争最激烈的时刻，当时有5000多家团购网站来跟美团竞争，因此，美团需要面对数以千计的竞争对手，竞争只能用惨烈来形容了。

如果中国互联网的创业者后来还想原封不动搬美国的模式，那么就要用壮烈来形容了，这个信息差的快速缩小，逼着中国创业者进行创新，因为不创新就没有活路了。

看到了吧？很多人非常看重的创新，其实不过是有些创业者的无奈之举。如果存在信息差，那么能模仿就先模仿。

腾讯旗下的很多产品都存在模仿的痕迹，对于模仿这件事，马化腾曾经说过一句颇有争议的话：**模仿是最稳妥的创新**。最根本原因就是一款产品的推出已经受到了市场的验证，自己根本就不需要再去思考这款产品是不是有必要生产，这可以免去创业者大量的市场验证的时间，这也是加快成功的重要力量。

14. 不要假忙碌

职场员工"假忙碌",骗的是老板,浪费的是企业资源。

企业老板"假忙碌",骗的是自己,浪费的是机会和生命。

创业者"假忙碌",做得越多,死得越快。

人们很容易就陷入一种误区:只要够忙碌,就是努力工作,我就会进步。

但实际上,所有导致你没时间思考,也没有取得进步的忙碌,都是"假忙碌"。

一个想成长的创业者,**如果陷入"假忙碌"陷阱,不断地处理相同的重复性工作,导致没有时间和精力去进行更有价值的"深度思考"**,是很危险的。

身体上的"勤奋",掩盖不了思想上的"懒惰"。

日本有一部纪录片《穷忙族》,记录的是一群整日拼命工作,却始终无法摆脱贫困的人。

片中有一位已经34岁，却依然是临时洗车工的人，他在高中毕业后，做了20多份工作，但都没什么技术含量，而且大多数是短期工作。

因此，他即便同时打好几份零工，收入也不见增长，日子过得十分拮据。

很多人都相信，努力可以换来回报，但低品质的努力和收获的回报并不成正比，它只会让我们陷入一种"看起来很忙"的假象中。在这种假忙碌中，越努力越失望。久而久之，你会对认真工作产生怀疑——我都这么忙了，为什么还是毫无长进？

与之对应的，是真忙碌。真忙碌，才是有意义的忙碌。真忙碌的人，能在大量重复枯燥的工作中，发现规律，找到新方法，为工作产出新的增量价值。

想要实现"真忙碌"，不妨试试以下几个方法：

（1）主动做有挑战的事

假忙碌的人，拿到工作就做，从不思考这个工作有什么价值。而真忙碌的人，以成长为目的，这会促使他们选择那些有挑战性的工作。

有挑战，意味着不是简单重复，而是难。

金一南教授说，做难事必有所得。

（2）创造新的价值点

带着脑子去忙，在老任务里创造新的价值点，在大量重复枯燥的工作中，发现新规律，找到新方法，为工作产出新的增量价值。

（3）懂提效

假忙碌的人，效率意识比较淡薄，认为完成任务就好。真忙碌的人，不会让自己陷入低效工作中。

比如，重要的事情，拿出大块时间、有计划地做；紧急的事，立刻做，或者压缩在短时间内做完；不重要的事，做减法，选择不做。

所以，想摆脱假忙碌，就要保持提高效率的意识。这样你才有时间做其他的事，积累越来越多不同的经验。

（4）以结果为导向

以结果为导向，会倒逼我们思考工作过程中的忙碌是否有价值。

　　假忙碌的人,喜欢晒忙碌的过程,制造自己努力的表象。真忙碌的人从来都以结果说话,过程中的忙碌只有自己知道。

15. 不要过度管理

企业管理哲学中，一个很重要的哲学理论是：抓住矛盾的主要方面。

企业发展的不同阶段，核心矛盾点是不同的，对于小微企业和初创型公司来讲，一个我比较认同的观点是：**不要过度管理一家创业公司。**

因为对于这个阶段的企业而言，业绩增长才是核心问题，业绩增长带来的企业效益继而会转化为企业发展的红利，而这个红利将会对冲掉所有因管理不足出现的小问题。

大道至简，这个"简"字是非常难以做到的。"神奇化易是坦途，易化神奇不足提"，把复杂的事情简单化，才是真水平。

华为任正非就对创业者有个忠告：小企业不要去讲太多方法论，不要把管理搞得太复杂。

首先，创业公司最核心的事情就是找到志同道合的人才。

"找人是管理的第一个切入点。"雷军说。在小米创办的第一年，他大约有80%的时间在面试，一个接一个地打电话，约行业内的牛人交流。

"你在面试牛人的时候，牛人也在面试你。"这个工作很难，但雷军明白他必须去做，因为他要想让公司的管理简化，保持高效运转的状态，他就必须保证进来的人都是优秀人才。牛人的思维清晰，也更自律，有合作意识，这样的人确实不需要过度管理。

其次，组织扁平化，不采取简单机械的 KPI 制度。

什么叫 KPI，意思就是别人给你定任务和目标。KPI 考核带有强制色彩，是自上而下的权威管理。其实，创业公司就是"游击队"，你不能要求它按照"正规军"的方式去参与竞争。不管是个人还是企业，都要集中发挥自己的优势。

小企业的优势主要就一点：灵活，船小好调头。

"绝大多数互联网公司，你仔细去看，都会有一点儿'游击队'的模式，就是小团队，快速反应，扁平化，快速决策，我觉得这都是互联网公司能够做成的关键，所以小米在追求超级扁平化……"

最后，要想实现"去管理化"，就要有相对平等、公平

的管理氛围，就要让每一个业务单元都具备非常强的主动性。

为了实现这点，"去 title（头衔）"是一个重要的方法。特别是小公司，内部不要设立多少职级和头衔，这样不仅无助于内部的团结和高效运作，还会让人觉得很可笑。

小米早期的时候有一百多人，大家基本都是工程师的 title，这就避免了把人分为"三六九等"，谁也不服谁的情况。

当然，在公司规模化以后，适当的 title 也是必要的。

可以说，"去管理、去 KPI、去 title"是很多互联网公司初期成功的法宝，这让团队保持了一种高效、团结、聚焦的状态，从而保证了极强的竞争力。

16. 不要只想不做

很多问题，只有在做的过程之中才能得到答案，才会得到解决。

很多成功案例最终的结果可能与最初的想法相差万里，但如果只靠冥想和思考而不去做的话，则永远不会有结果。

可以说，事物的偶然性与创造性都藏在了"做"的过程之中。

我们身边就有很多创业成功的案例，他们很多都不是创业一次就成功的，有的甚至创业多次，才有了不错的成绩。但是，他们普遍都有一个最优秀的品质，就是想要创业的时候，立刻付诸行动，很快就能把摊子铺开。他们不会提前预想自己会有多少困难，而是一种"兵来将挡，水来土掩"的态度，发现问题了就会解决问题，不知不觉你就会发现自己已经走了很远。

反观生活中的很多意向创业者，他们也并不是不想创业，而是在创业的准备阶段会思考很多问题。比如说：创业失败了怎么办？创业没有经验怎么办？创业负债之后怎么翻身？

创业怎么融资？公司如何上市？

总之，问题各种各样，很多人找答案就能找两年。**有的人找着找着就不创业了，因为感觉创业太难了。**

这让人想起来一个段子里的内容：一个人在给他的朋友打电话时说道，"出来混，首先讲究的是什么？"

"是'出来'，你为什么到现在还没有出来？"

其实，创业也是如此，创业的首要条件是先去做，遇到问题了，再一个一个解决。我们不能在问题还没有发生的时候，就去想一大堆，这除了给自己添堵之外不会有任何意义。

"老干妈"陶华碧就是一个非常典型的代表，她一开始只是一个摆地摊的农家寡妇，从来没有想要过开办一家全国闻名的企业，只是为了养活两个儿子而已。

没有店面怎么办？她就自己动手垒了一个房间，主要卖凉粉和冷面。为了让产品好卖，她就自己熬制了辣椒酱。很明显，陶华碧并没有打算卖辣椒酱，而是卖凉粉和冷面，辣椒酱只是附属产品而已。

可是一次她因感冒，就没有去市场买辣椒做酱，而是用其他调料代替，结果顾客听说没有辣椒酱就不买了。

顾客的这个举动让陶华碧立刻意识到了辣椒酱的价值，于是就开始研究更好吃的辣椒酱。因此，有些顾客在吃完饭之后，还会买一点儿辣椒酱带走。

到了后来，辣椒酱的销售远远超过了凉粉和冷面，陶华碧干脆不卖这些饭了，直接卖辣椒酱。就这样，一步一步形成了自己的"老干妈辣椒酱帝国"。

陶华碧用自己的实际行动告诉了我们，不管我们在创业之前的计划是什么，总会有意外发生，只要我们能够及时修正方向，就会有不错的创业结果。不过前提是，我们得先去做，只有做了，才会遇到问题，只有不断解决问题，才能遇到更好的自己。

17. 不要只做不说

创始人不能做"老黄牛",要做会"说话的老黄牛"。

"说话"重要吗?

非常重要!

商业沟通是生产力和影响力。

它以表达为基础,呈现说话人的商业思维和认知,以及实现这种思维和认知的能力。总的来讲,一个优秀的表达力将反映这个人的商业思维和认知。

每个人都应该善用表达能力提升自己的魅力,**语言传达的不仅是一种信息,更是一种力量。**剧作家马雅可夫斯基说:"语言是人的力量的统帅。"精湛的表达艺术在社会生活和人际交往中具有不可估量的魅力。

作为企业家,无论是开会发言、上传下达、交际应酬还是传递情感,都需要用语言交流,衡量一个企业家是否有力量,在很大程度上要看他的表达能力。

同时，表达也体现出思维和认知的流动性。

一般来说，创业从来都不是领导一个人的战斗，而是带领一群人去战斗。所以他光有很深的商业思维和认知是不够的，他还需要说服一群人全心全意地参与。

同时，在这个过程中，他可能还需要说服投资者、下游客户、代理商和分销商。只有这些利益相关者参与进来，才能最终实现之前的商业思维和认知。

说出来是一种实力，也是个人、团队、企业的能力杠杆。

创业从来不是一个人的战斗，团队的力量不可或缺，所以在团队中，作为领导者，"说"出来很重要。

我们一直说创业项目，无论是参加比赛还是实地创业，都会连续经历三个阶段，从而实现螺旋式上升发展。

这三个阶段是：

想清楚，做出来，说明白。这三个阶段缺一不可。

一个项目创始人，通过"思考"，对项目有一个整体的规划，然后组织公司"做"，再和天使轮投资人"说"，成功拿到天使轮融资。

然后开始新一轮的想、做和说。只要公司继续经营，这个过程就永远不会停止。

这里的"说"不仅仅是针对投资者，还包括需要"说"自己公司、想法、产品的重要场景，比如招募重要团队成员、推动重大合作、举行公开产品发布会等。

"说"个仅仅是通过声音和语言来讲，更是指对整个项目的总结和呈现。也就是说，它清楚地总结、呈现和表达了一个项目到某一点的来龙去脉和进展。"说"有用声音、文字和视频说话等多种方式。

不会"说"，就是不能清晰地概括和表达项目的核心内容，让投资人或团队无法获得你项目的亮点、关键点等重要信息。

如果创业者不会说话，那就像脖子上挂大饼，看得到，吃不着。

18. 不要误入小巷思维

当人走进小巷的时候,想到的,就只有进和退,要么进,要么退,但有时候甚至连转身的余地都没有,只能向前冲。

在一个圈子里待久了,就会把这个圈子等同为整个世界,就像那只坐在井底的青蛙。这个世界上有很多圈子,很多人都活在自己的圈子里,如果不能跳出你的圈子,永远不知道这个世界有多大。

"小巷思维"是形容为了达到一个目的不计代价,也叫一条道走到黑、不撞南墙不回头,不是进,就是退,要么成功,要么就放弃。

另一种解释也叫"胡同思维":形容一个人容易把自己的思维限定在一个狭窄的空间里,然后形成思维定式,固执地往前走。

电视剧《奋斗》里的徐志森,一个房地产老总,在剧中谈到了小巷思维,他在华尔街创业时期,华尔街成功人士无数,各有特点,但他专门留意了几个失败者,失败的原因有许多,但这些人身上都有一个共同的特点,那就是小巷思维。

困顿于同一个行业，局限在这一个行业中规划自己的未来，当走出行业的保护层，就会意识到在困局中看不到外面的星空，无所依托。

法国科学家法伯曾做过一个著名的毛毛虫试验。他把若干毛毛虫放在一个花盆的边缘上，首尾相连，围成一圈，并在花盆周围不到6英寸的地方撒了一些毛毛虫最爱吃的松针。

毛毛虫开始一个跟着一个，绕着花盆一圈又一圈地走，一小时过去了，一天过去了，又一天过去了，毛毛虫们还是不停地围绕花盆在转圈，它们终于因为饥饿和精疲力竭而死去。

在许多比毛毛虫更高级的生物身上，这一效应也发挥着作用，其中比较典型的就是鲦鱼。鲦鱼因个体弱小而常常群居，并以强健者为自然首领。科学家将一只稍强的鲦鱼脑后控制行为的部分割除后，此鱼便失去自制力，行动也发生紊乱，但其他鲦鱼却仍像从前一样盲目追随。

如何走出小巷思维呢？这需要创业者时刻保持待机模式，利用多元思维，才能在遭遇突如其来的重创时，适时出击。当路走不通的时候，直接跳出思维圈，从更大的格局中寻找新的方向。

原锤子科技 CEO 罗永浩经历了一次次的创业失败，进而转战直播带货，创造了抖音新纪录，身体力行上演"真还传"。这是因为罗永浩经历过多重行业的转换，始终保持着多元组合的"能力箱"，才能够在一行失败后奋起发展不同的行业，不断地突破自我。

很多人会提到双职业策略，扩展企业老板和创始人的知识边界。如今，"跨界""斜杠"都是近几年比较流行的词汇，很多名人都开启了自己的跨界事业，也有很多职场人开启了斜杠人生。

一个人有着多重身份，不管是哪一重身份因为外在因素有所改变，都不会对其产生很大的影响。

在充满不确定性的环境下，多重发展职业领域，才能在大环境中持续保有竞争力，从而走出小巷思维，在跨行业时快速转移核心能力。

19. 戒掉即时满足

创业过程中的"即时满足"是指一些能够短暂获利、即时回馈、轻松见效果的企业短期商业行为，而这类商业行为与企业的长期战略不见得相关，有的甚至相反。

这里举个例子，一家非连锁性质的夫妻快餐店，因为缺乏品牌定位的经营思想，在气温升高的夏季，在原经营的水饺品类中开拓了季节性的冷面产品。这在短期内无疑会增加一些销售额，但这种即时满足的经营调整最终则会对门店产生负面影响。

同样，旅游城市内一个定位高端的艺术民宿酒店，为了对冲淡季客流锐减的风险，开放了接待老年旅游团的团餐和团宿，短期内的客流量确实提升了起来，但原本目标受众的顾客群体口碑就会受到影响。

最近，"长期主义"这个词出镜率颇高。

可能是因为高瓴资本的创始人张磊的《价值》出版，让当年被罗振宇老师捧红的"长期主义"，再一次成为商圈里的潮流黑话。

罗振宇说:"只有长期主义者,才能成为时间的朋友。"

张磊说:"长期主义不仅仅是一种方法论,更是一种价值观。流水不争先,争的是滔滔不绝。"

陈春花说:"越是变化,越是需要长期主义。"

于是,很多人说:"高手都是长期主义者。"那么,到底什么才是真正的"长期主义"?

大部分人理解的长期主义等同于"坚持"。

坚持不懈地把客户放在第一位,不赚快钱;坚持不懈地做品牌,不搞流量;坚持不懈地努力,不搞投机……"长期主义"就是这么一个概念,你初听上去似乎很对,但你不知道它对在哪里。

但实际上,我对"长期主义"的理解则是:通过一定的时间和次数掌握了某件事情的规律和概率后,义无反顾地坚持去做大概率的事情,不靠偶然和运气,靠次数的叠加和时间的加持,最终就会成功。

只有把时间拉长,我们才能在一个不确定的世界里,得到确定的答案。我们常说,时间会给我们答案,这背后的原因是什么？因为从短时间看，人生的样本基数太小了，你对自己的统计结果是错的。

只有把时间拉长，你对自己的认识才是客观的，你才能弄懂：你所谓的成功，哪部分靠的是运气，哪部分靠的是实力。

分享一个来自英国自行车队的故事。

在2003年以前，英国自行车队是历史上最失败的车队。因为在过往的110年里，英国车队没有在"环法"拿过一块奖牌。他们业绩烂到制造商都不愿意出售自行车给他们，怕英国车手给自己的品牌蒙羞。

但在2008年，也就是北京奥运会期间，英国车手卷走了60%的金牌；2014年的伦敦奥运会上，英国队在自家门口打破了9个奥运会纪录，7个世界纪录；2014—2017年，英国车手在6年里居然拿到了5次"环法"冠军，要知道那可是"环法"啊！

这10年期间，到底经历了什么，可以让一支车队脱胎换骨？答案在这个人身上——天空车队总经理戴夫·布雷斯福德。

戴夫·布雷斯福德在2003年跳槽到了英国国家自

行车队担任教练,提出了著名的"边际增益理论"。

"我们遵循这样一条原则:把骑自行车有关的环节拆解,把每个分解出来的部分都改进1%,汇总起来之后,整体就会得到显著提高。"

比如,他们会用酒精擦轮胎,以获得更好的抓地力;他们给每个队员配备专门的枕头和床垫,让队员在出差的酒店里可以快速入睡;他们甚至把卡车内涂抹成白色,说是便于发现灰尘,这些灰尘会降低调教过的自行车性能……

1%的改进毫不起眼,但是几百个1%加起来的能量是巨大的。而10年里每天改进1%,量变就会引发质变。而且,有意思的是,这种改变不是渐进式的,而是跳跃式的。

这种跳跃式的改变,就是长期主义者会享受的最大红利,因为只有努力的时间足够长,你才能得到那块最大的蛋糕。

这个故事告诉我们:**长期主义不是坚持重复一件正确的大事,而是坚持正确地改进一件件小事。**起初很长一段时间,你将看不到任何变化,但一旦累积的时间开始发酵,你会收获一个奇迹。

20. 利可共而不可独

在中国有句老话叫做：财聚人散，财散人聚。是指一个人对待金钱的态度决定了他的生活状态，也可以预示有没有未来。

著名投资人徐小平说，**合伙做事情，非常重要的一方面是，创业者要跟合伙人进行利益捆绑。**也就说要有恰当的股权分配，给合伙人股份，不然你找的就不是合伙人，而是伙计。你怎么能要求伙计陪你一起挺过每一个艰难时刻呢？

人心都是肉长的。创始人怎么对待合伙人，合伙人就会怎么对待创始人。一般情况下，我们在创业的时候都是没有太多钱的，这个时候该如何不高额雇佣又能留住具有一技之长的合伙人呢？

答案就是拿出公司的股权来给大家分享。股权至少要给 5% 以上，千万不要吝啬小气，只给对方 1% 的股份，这样合伙人只会感觉自己就是一个员工，那么他们就会用员工的态度来对待创始人。

很多创始人不舍得分股份，一方面自己想要拥有公司的控制权,另一方面他认为这是自己的心血,不舍得给合伙人们分享太多。可是我们需要注意的是,**在公司没有赚钱,没有得到资本关注的时候,股权的价值就是0,哪怕你持有100%也是没有意义的**。这个时候你多给合伙人分享一点儿,虽然舍去了一些利润,但是公司却多了一位有主人翁意识的得力帮手。

分享精神不仅体现在对待公司合伙人上,包括骨干员工,我们依然可以进行利益分享,打造高忠诚度的优秀骨干团队。

国内餐饮水饺连锁喜家德令人称道的是它的"358"合伙人模式。创始人高德福说过,"未来的事业将从雇佣制变成合伙人制,企业提供一个平台,大家依托平台提供的资源和机会,成长为企业合伙人,不再是单纯打工,而是自己给自己当老板。"

喜家德的店长不仅可以分享利润,还可以成为合伙人,物质激励和荣誉激励双管齐下,形成高度统一的利益捆绑。

那么,喜家德的"358"合伙人模式究竟是怎么样的呢?

第一,3就是3%,即所有店长考核成绩排名靠前的,可以获得3%干股收益，这部分不用投资，是完完全全的分红。

第二，5就是5%，如果店长培养出新店长，并且自身符合考评标准，就有机会接新店，成为小区经理，可以在新店入股5%。

第三，8就是8%，如果一名店长培养出了5名新店长，并且自身符合考评标准，就可成为区域经理，再开新店，可以在新店投资入股8%。

最后，20就是20%，如果店长成为片区经理，可以独立负责选址经营，此时就可以获得新店投资入股20%的权利。这种方式极大地调动了店长培养人的积极性。并且店长与新店长之间，利益相关，沟通成本极低。

此外，对于公司职能管理层，也根据不同的层别设定考核标准，达成考核标准，即可参股新店获得投资收益，占比大概2%~5%。

这种模式下，店长不仅可以分享利润，而且成为合伙人之后，实际上也是门店的经营者和投资者，极大激发员工的积极性。另一方面，员工入股，不仅解决了喜家德一部分新店的资金问题，真正将店长与总部绑在一起，还调动店长培养人的积极性，在店长与新店长之间形成利益连接，避免不必要的竞争。

在这样的机制下,喜家德优秀店经理的流失率不到 5%,而普通餐饮企业的人才流失率则为 30% ～ 50%。

21. 闷声发不了大财

现在早已不是"酒香不怕巷子深"的时代，产品为王是根本，也是企业发展最基本的，产品如果不行，连市场厮杀的入场券都没有。

而衡量企业最终发展高度和远度的，是发声、是营销、是广而告之，是拥有"媒体思维"。

一家公司有没有媒体思维，能不能与其他媒体保持良好关系就成了影响公司成长的重要一环。农夫山泉、三只松鼠、钟薛高等都是消费品领域比较有名的品牌，可是哪一个品牌的成长是一帆风顺的呢？

农夫山泉福岛白桃水事件让农夫山泉迎来了最近几年最严峻的公关危机，但是这丝毫不影响老板钟睒睒成为中国首富。三只松鼠也多次因为食品安全问题被迫登上热搜，可是这也不影响三只松鼠的销量。钟薛高在去年被各路网红架在了火上烤，这似乎并没有影响钟薛高越做越大的事实。

大家有没有想过，为什么这三个品牌能够做大，而且越做越好呢？

原因则是这些品牌拥有很好的媒体思维，知道媒体想要的是什么，一旦品牌出现公关危机，都能通过各种方法轻松化解。

可能大家会认为，这些公司之所以能够应对公关危机，是因为他们比较有钱。能用钱解决的问题都不是问题。可是大家有没有想过，这些公司也是从小公司过来的，他们一开始是怎么做的呢？

研究这些品牌的发展，似乎更能帮助我们建立媒体思维。

我们以农夫山泉为例，它的崛起之路特别具有"美国个人英雄主义"特色。中国人的特色是"以和为贵"，尽量不要跟行业为敌。

可是农夫山泉不一样，它就是要与行业所有竞争对手为敌。因为当时的竞争对手几乎都是纯净水，只有农夫山泉卖矿泉水。如果大家各卖各的，也还好。农夫山泉则是做了一个挑战全行业的举动，邀请电视台一起来见证水仙花实验。通过电视台的见证，人们意识到矿泉水确实比纯净水更健康，这一招让农夫山泉在没怎么花钱的情况下就做了一个全国性的广告。

为什么钟睒睒能够想到这些不花钱办大事的方法呢？**因为钟睒睒做过报社的记者，他有超出常人的媒体思维，他也知道媒体想要的新闻是怎么样的。**

对于一家初创企业而言，如果所有的软文都是自己在发送，会给人一种"王婆卖瓜，自卖自夸"的感觉。同样的内容，如果是第三方媒体来表达，效果就会好很多，也更容易让人信任。

可是很多媒体发文都是需要费用的，这是公司在营销路上的又一障碍。如果我们想要让媒体免费帮我们转发，需要我们做到两点：**一是站在媒体的角度来写文章，让它成为一篇点击率很高的内容；二是要与这些媒体维持好良好的关系。**

那么，如何才能打造出点击率比较高的文章或者视频呢？

答案是：没有新闻，就去创造新闻。**创造新闻主要有两个方法，一是将日常的事情换个角度来演绎或者是解读；二是直接"蹭热点"。**

不管我们通过什么新闻方式，只要能不断被网友们看到，在网友看到公司产品的时候，就会有一种莫名的熟悉感，这是有利于提高销量的。

最后，公司的创始人、高管也有必要重视个人账号的打造，特别是公司的创始人，如果能在短视频上分享自己的生活，这也是公司低成本扩大影响的一种方式。

如果公司老板能够打造出一个好的人设，这是一个加分项，甚至公司的创始人如能成为一个网红，不仅有利于品牌的打造，还有利于公司的融资成功。

22. 谨慎做加法

庄子讲过一句话:"吾生也有涯,而知也无涯。以有涯随无涯,殆已!"

企业和人一样,不是万能的,精力是有限的,子弹是有限的。在经历了主营业务的顺利发展后,很多经营者会盲目扩张企业的业务板块和人员规模,大多数企业家都想为自己的企业建立一套完整的配套业务。然而,几年后,财务报表不会骗人。

做加法是本能,做减法是智慧。

全球市值最高的 5 家公司,市值都超过了万亿美元,年收入都在 2000 亿美元以上,但这 5 家公司的产品线都非常短,几乎一个巴掌都能数出来。最有价值的公司,没有数不尽的产品线,而是寥寥数个。

无论营收还是利润,最终发现核心业务贡献最大。

后续配套业务由于业务周期小,规模不是特别大。所以你会发现,五只雏鸽加起来(五个小生意),也烤不出一只火鸡。

而当你专注于核心业务时，你会发现其他业务也能找到合适的战略合作伙伴和渠道出路，在这种情况下，外部支持和相应的资源也将得到丰富。

这个时代，创业者面对的机会很多，很多人什么都想要，结果抓在手里的东西很多，但主要的目标却迷失了。

"将军赶路，不追小兔。"——创业者选择行业、选择项目，如同猎人捕猎，如果我们期许捕获到一只大象，那么路上遇到其他的小动物就不要动心。如你左边抓了一只兔子，右边抓了一只山鸡，等你发现大象的时候，你的双手已经拿满了。辛苦干了一辈子，结果手里还是一堆"小兔子"，没有形成真正有价值的产业。

俗话讲，"贪多嚼不烂"。

> 哈佛大学做过一项研究：3%的年轻人有明确的长期目标，10%的年轻人有清晰的短期目标，60%的年轻人有较为模糊的目标，剩下27%的年轻人则处于没有目标的状态。25年后，那3%成为各行各业的成功人士，10%处于社会中上层，60%生活安稳，处于中下层，而那27%处于社会底层，大多靠社会救济生活。

企业的管理也是一样，尤其是创业企业，一方面面临生存的压力，另一方面又可能有着机会的诱惑，这个时候能够守住初心，不为眼前利益所动摇，这是非常难能可贵的。

而从长远来看，这反而可能更容易让企业最终走向成功。相反，急功近利追求"大而全"的结果很可能竹篮打水一场空。

做减法，专注在一两个最挣钱的产品线上，然后做大做强，一定好过做一堆产品线，没一个能挣钱。管理者一定要明白，你不能什么都做，做得少，是为了聚焦，是为了专业度，最终结果反而可能更好。

23. 不要盲从传统规矩

存量时代竞争下，后起之秀想要出头，就要敢于打破传统规矩，构建新的商业模式，要有重新定义行业的野心。**"规矩"都是行业内大佬定下的，是既得利益品牌和企业为挑战者设下的紧箍咒，戴上你就上当了。**

不管你愿不愿意承认，绝大多数行业已经从过去快速增长的增量时代，进入了现在的存量博弈时代。

举个例子：在汽车没有普及的年代里，我们国家的汽车需求量是持续增长的。今年 100 万辆，明年 200 万辆，后年 300 万辆，可是国内汽车企业每年只能生产 80 万辆，因此，所有的企业都感觉不错，生产的企业都不愁卖。

随着人们生活水平的提高，汽车工业的发展，家家户户都开上了汽车，汽车每年的需求量从原来 3000 万辆降到了 2500 万辆，可是国内汽车工厂的生产能力已经超过 3000 万辆，如果控制不好，就会出现很多库存车积压的情况。

更好的服务，更低的价格，更好的配置，内卷是汽车行业普遍存在的现象。当一家品牌多卖出 1 万辆汽车的时候，就会让其他品牌总共少卖1万辆汽车。

这个时候该怎么办呢？

一定是不破不立，它需要新的商业模式来让行业充满活力。之所以大家都感觉生意难做，最主要的原因就是业内大多数人在使用相同的方法经营，最终得到的结果也就是平均水平。如果这个时候还有源源不断的竞争对手进入，那么最终大家的收入都会不断下降。商业的本质是：你不愿意改变，你的竞争对手肯定有愿意改变的，最终他会让你的客户变成他的客户，这就是现实，没有什么可争议的。

阿里巴巴成立的时候并不是"出道即巅峰"，它也有不少竞争对手，易趣网、慧聪网等都是比较强大的竞争对手，阿里巴巴当时只是"小弟"级别。

当时的电商平台因为盈利渠道单一，行业内有个不成文的规定，很多竞争对手都会收商家的入驻费，还会有交易的扣点。如果阿里巴巴也是这样做，那么这个行业只是多了一个平庸的竞争对手而已，最多大家也只是少赚一点儿而已。

可是，阿里巴巴选择了不同的路线，不收那些杂七杂八的费用，让所有商家放心入驻。公司前期的所有开销都由风险投资机构承担。

不收钱的决定破坏了行业的规矩，可是却为阿里巴巴打造出了一条飞速发展之路。 20年后，阿里巴巴已经成了庞然大物，曾经的竞争对手已经被埋没在了历史的烟尘里。

同理，周鸿祎在打造360杀毒软件的时候，金山毒霸、瑞星杀毒早已经非常有名，他们采用的也是付费使用的方式。按照正常思路，360杀毒软件刚出现的时候应该是用更便宜的价格来抢市场。如果周鸿祎确实是这样做的，而且坚持了下来，那么就不会有如今的360集团。

因为当时类似于360一样的新的杀毒软件公司肯定还有很多，大家都是用低价来竞争，最终大家都会没有利润。周鸿祎想要做的是成为杀毒软件领域的老大，这就需要拿出更加吸引人的商业模式。周鸿祎一不做，二不休，直接采用了免费的方式，很快360杀毒软件就登上了千家万户的电脑桌面。最终，360集团成功吞下杀毒市场这块大蛋糕，成了细分领域的龙头老大。

24. 花钱不要太"大方"

飞机坠于没油，企业垮于没钱。

对很多初创公司来说，现金流就是公司这架飞机的机油。

在竞争日趋同质化的现代商业社会，优秀的成本控制非常重要。我们所熟知的"丰田"，就是靠着极致完美的成本控制登上全球汽车霸主宝座的。

很多创业者创业初期对财务和数据不够敏感，花钱支出大手大脚，比如为了面子，一上来就租很大的办公室，买各种新的办公用品，到处乱花钱。加上管理不当，增加了很多人员工资和没必要的支出成本，导致看似营收不少，但是成本也很高，最后一算账，除去员工工资、房租各种成本，没有多少利润，老板就像在给员工和房东打工。

甚至有的最后一算账，不仅不赚钱还赔钱。避开这个坑最主要的就是，创业当老板一定要会算账，必须得对财务和数据很敏感，知道什么钱该花，什么钱不该花，把钱花在刀刃上。

把资源充分利用好，有些东西不需要花钱，通过资源以物易物也可以得到，同时做好公司管理，提高资金、技术、人才等劳动生产要素的资源配置效率，节省不必要的开支，这样公司才能赚到钱。

很多公司失败的主要原因就是没有提前做好财务规划，把钱烧完了又没有融到新的资金，企业没法运转了，只能被迫选择倒闭。

这就要求我们创业者，在创业开始以前就做好资金预算，再留一些备用资金，因为很多无形支出可能你一开始并没有想到。其次就是尽可能不要过多囤货，比如订单式生产，降低公司风险和资金流动。

公司创始人或者相关负责人必须得有比较强的融资能力，做好商业计划书，提前融资，不要等到资金链快断裂了，才去想着融资，毕竟融资先不说能不能融到，即使融到也需要一个周期。这样通过内部现金流快速运转以及外部融资合力规划，双管齐下，才能保证公司有充足的现金流去支撑公司的发展。

成本意识只有从老板开始，才有可能贯彻全员。如果老板不以身作则，不反复强调，不建立成本控制的体系，整个公司成本管理一定非常混乱。

开源节流，开源比较难，节流很容易。

25. 值钱大于赚钱

赚钱的方式有两种，一种是赚快钱，一种是赚慢钱。

通常来讲，赚慢钱的财富累积天花板要高于赚快钱，**根本原因，在于两者哪个更值钱。**

很多创业者的商业嗅觉都非常敏锐，抓住了好几个风口，但很多人都没有坚持很久，因为他认为赚钱就应该赚信息差，在知道的人还不多的时候闷声发大财，在很多人冲进来之后，转型做其他的。可是这种游击战的打法很难得到资本的青睐，**因为你做的不是值钱的事情。**

翻开创业成功者的成功学，已经不止一次在跟创业者们强调"值钱"这两个字了，因为这是一种思维，可以让我们成为资本的宠儿。

那么问题来了，什么是赚钱，什么是值钱呢？

我们可以用一个比较老的例子来说明，这个案例虽然老，但是简单易懂，有必要再跟大家唠叨一次。

假设我们生活在一个巨大的农村，大家都靠种地维持生计。可问题是，我们这个村子的土地缺乏水资源，普通的钻井，无法打到地下水，这就催生了一个行业：运水工。

如果有一个运水工，那么别人不想自己去挑水的时候就会聘请他去挑水，这样他就能赚到钱了。如果需求量大，那么他就能赚到更多的钱。就在他运水的过程中，他发现运水比种地赚钱，于是便发动全家开始运水，一年的收入是其他人收入的好几倍。

在赚到第一桶金之后，这个运水工就想招人来运输了，从中赚取一点儿差价。为了做好运输工作，于是就想融资买车来扩大规模。这是创业者 A 的融资计划。

接下来，我们来看创业者 B 的计划，因为他也看到了帮老乡们浇地是一门赚钱的生意，可是挑水并不能从根本上解决问题，而且会造成巨大的人力、物力、财力的浪费，效率相对来说比较低效。

如何解决这个问题呢？不如干脆自费修建一条水渠，这样农民的土地不仅可以浇得彻底，也可以更便宜。更为关键的是，水渠修好之后，只需要几个工作人员就够了。有几个专门收费，有几个专门维修水渠，这就够了。自己在家里躺着就可以赚钱了。

理想很丰满，现实很骨感。因为修水渠所需要的钱不是一星半点儿，而且水渠所占用的土地也需要得到相关部门的批准，这是一项非常复杂的工程。当然，最关键的问题就是没有钱，此时该怎么办呢？要么自己选择抵押贷款，要么选择融资。站在现在的角度来看，融资肯定是一个更好的选择。

请问，假设你是投资人，你更愿意投资创业者 A 还是创业者 B 呢？

虽然创业者 A 很快就能赚到钱，但是他做的只是一件赚钱的事，未来的想象空间有限。投资人并不能从中赚到大钱。如果创业者 A 在运水的过程中再出现意外，还有可能出现亏损。

反观创业者 B，他做的事情虽然有一定难度，但是人效非常高，而且这完全就是一个躺赚的事情，想象力空间也更大。

假设创业者 A 和创业者 B 每天的营收都能够达到 100 万元，创业者 A 的净利润可能只有 5 万元，因为假设利润太大，这些员工就不会来打工了，而是自己单干了。而创业者 B 呢？100 万元的营收，毛利润就达到了 98 万元，除去税收和员工工资，净利润率可能也有 80%。你去哪里找净利润率达到 80% 的项目呢？

更何况水渠修通之后，投资人手中持有的股份也会水涨船高，会有很多人觊觎的，出现很多倍的溢价也很正常。

通过以上的这个案例，大家应该知道赚钱公司和值钱公司的区别了吧？

赚钱的公司只关注当下，也许可以做大规模，但是很有可能是大而不强。值钱的公司目光更加长远，也许短期内可能会亏钱，但是这件事一旦做成，它会从根本上颠覆一个行业，成为这个行业的代表。因为他不仅降低了成本、提高了效率，还创造了躺着赚钱的可能性。

很多聪明的创业者可以通过信息差赚钱，**可是它并没有切入商业的核心：降低成本、提高效率、提供更好的服务体验。**

不管一个行业的信息差有多大，互联网的存在都会快速缩减这种信息差，最终让一个行业从蓝海变成红海。

26. 做市场不要通吃

企业抢占市场的过程，也是品牌定位的过程，所谓定位，就是选择，选择自己的受众客群，所谓选择，则必然有取舍。

做市场不要通吃，有时候，"放弃"也是一门生意经营艺术。

一个成本 500 元的包包，贴上 LV 的标签之后，能够卖到 5 万元。有网友调侃：LV 真不错，从不收割穷人。

可能是 LV 已经完全拿捏中国消费者的心理，基本上每年开年之后，产品价格还会出现一定幅度的上浮。虽然产品涨价了，但是这丝毫不影响店铺的客流量，甚至还要排队一个小时才能进店购买。网友不得不感叹：有钱人真多啊！

正因为 LV 不愁销售，集团老板贝尔纳·阿尔诺也一度成为世界首富，就连比尔·盖茨、马斯克、巴菲特等知名人物都要甘拜下风。

假设我们是这个集团的老板，我们该怎么提高 LV 的销量以及净利润水平呢？大家是不是会想到让 LV 推出一个轻奢品牌，来收割一下穷人呢？

普通打工族可能舍不得买几万元的 LV 包包，但是如果 LV 有偏低端的产品，还是有可能会被很多人接受的，也能收割到更多人。

试想一下，如此简单的问题，我们想到了，难道 LV 就没想到吗？既然这个方法真的有可能提高 LV 的营收和净利润，LV 为什么不这样做来回报公司的股东们呢？

因为这种做法在短期内可能会很有效，也确实能提高公司的利润水平，可是把时间维度拉长后，这种做法可能会对公司造成严重的伤害，甚至是反噬，让原来的消费者抛弃 LV，而投奔其他的奢侈品品牌。

LV 品牌的定位就是奢侈品，只服务那些高收入群体。那些有钱人之所以能认 LV 这个品牌，就是因为一般人买不起这个品牌。如果有一天，LV 真的被所有人都买得起了，就不再是奢侈品，有钱人的尊贵感也就无法体现。

同理，之前很多人搞不明白，LV 的库存产品为什么宁愿集中销毁，也不会降价打折销售？表面上看，集中销毁不仅造成了污染，还浪费了资源，实际上 LV 捍卫了品牌的价值，让那些买得起的人更加心理平衡。

类似的案例和故事在现实中也随处可见：

有这样一个老板，主要做钻石生意的，他本人很大气，经常到某一家星级酒店下榻，也跟酒店的工作人员很熟。可是酒店的工作人员也是分三六九等的，跳舞的小姐姐们收入最高，也地位最高。老板一开心就给跳舞的这些小姐姐一人一枚钻戒，小姐姐们当时开心得不得了。

服务员知道了这件事后，也开始对老板软磨硬泡，这个老板也就给了很多服务员钻戒。当在酒店里收入比较低、地位也比较低的工作人员也戴同样的钻戒时，跳舞的小姐姐们不开心了，认为钻戒不值钱，就把这些戒指给扔了。服务员看到扔的遍地的钻戒时，也认为老板给的是假钻戒，因此也都扔了。

这个老板虽然送了人情，结果却被所有人认为他是一个烂好人，或者是假大方，典型的出力不讨好。

同理，奢侈品最好坚守自己奢侈品的定位，不能让所有人都用得上，否则，你会丧失掉最核心的用户。相反，如果你一直坚守自己的定位，那么普通人有钱之后也会主动去追逐你，客户会越来越多。

创业就是如此，少就是多，当我们越专注服务某一个群

体的时候,往往会有更好的结果。 而那些只要一有钱就搞多元化经营,想通吃市场的企业,大多会因为资金链断裂最终搞得一地鸡毛。

27. 不要朝令夕改

在下棋的过程中，"悔棋"是令人厌烦的。

那么，如果将领导者对组织进行领导的整个过程比作下棋，决策的朝令夕改就是"悔棋"。走棋之前不仔细想清楚，出麻烦了，方知走错了一步，老是"悔棋"就会没有了弈友。

朝令夕改也一样，**公司创始人的决策改多了，会削弱自己命令的力量，渐渐地就丧失了领导者的权威和威信。**

公司的核心团队一定要在平时就注意培养自己的坚定性，凡事要"三思而后行"，一旦发令便不轻易更改。对于已经决定的事情，即使发现不是最优方案，也不要随意变更，而应该多做观察。

有时候，政策的连续性往往比政策的最优化更重要。

当然这并不意味着鼓励决策者"执迷不悟，一意孤行"。每个人都有犯错误的时候，如果领导者犯了大错，却要执行到底，那么，这个组织就有危险了。号令、程序、规章的颁布和执行，不能犹豫不决、朝令夕改、因人而变，应保持相对的稳定性，并坚决执行。

一个成功的团队决策者，他的坚决和定性，是其领导能力的基础。当一个领导者对自己的决定进行频繁的修改时，他实际上已经失去了领导的能力。企业创始人作为号令的发布者，一定要明白号令的法规作用，切忌朝令夕改。

而在面对一个朝令夕改的老板时，下属不敢做出任何个人判断，只好事事征求领导者的同意，甚至要领导者签名证实。这样做，工作效率就可想而知了。当领导者以为找到了一个更优的方案，把决定改变了，可能过几天又会有新的想法，这样决策就会没完没了，执行力也就无从谈起。

要提升员工的积极性很难，我们看那些IT公司不惜请美女来为程序员加油打气，以此提高员工的工作积极性。**然而要打消员工的积极性，只需朝令夕改即可。**

孟子曰：没有规矩，不成方圆。创业光有激情和创新是不够的，它需要很好的体系制度团队及良好的盈利模式。一家公司的运营并不是靠领导者零星的两三个想法就能够维持下去的。

领导必须意识到自己的一个指令会传达到自己手底下每一个人身上，如果这个指令是错误的或是无用的，那跟着你一起做的人徒劳地为之忙碌一番之后，不见任何结果，甚至于因为领导的面子必须要有人出来背锅，这对员工工作的积极性来说，是致命的。

那么，一般造成创业者朝令夕改的原因有哪些呢？这里试举一二，供大家审视：

> 组织目标不明确
> （没有长期且合理科学的固定目标）
>
> 管理制度不严谨
> （人制代替法制，拍脑门做决定）
>
> 对下属缺乏信任
> （对下属能力存疑，频繁干涉其工作）
>
> 老板个人性格问题
> （优柔寡断、言而无信、心浮气躁）

第二章 功法

商业模型·流程·决策

28. 品牌升级不只是升形象

品牌在发展到一个阶段后需要进行品牌升级，然后，**在升级前，品牌需要清醒地对升级有整体认知和心理预期。**当然，最核心的是你需要搞清楚，自己为什么要升级。

"我的品牌太老土了，你帮我做一个新的 VI 吧。"

我想这是绝大部分设计公司，最常接到、听到的一个诉求。

如果我们接着往下问。

你们觉得老土在哪儿？

是用户变了吗？

还是渠道变了？

未来的市场是？

为什么想改这个 LOGO？

如果这些问题已经梳理、思考得非常清楚了，是好事，那确实是需要设计。

但现实往往是，**当品牌认为视觉有问题的时候，有可能是更上层的东西没理清楚。**

定位是否要调整？策略是什么？未来的战略方向是什么？包括品牌理念的一些问题没有解决。但因为视觉更显性，就容易认为是视觉出了问题。

所以，品牌升级首先要明确自己为什么要升级，要解决哪些问题，才能对症下药。**而老品牌升级，所需要解决的问题，往往是复杂多元的。**

它可能会涉及几乎所有的方面：用户、策略、设计、产品、空间、陈列、渠道、营销、制作等，都需要调整。

从省事的角度出发，谁都想找一个团队解决所有问题。但以我的从业经历来看，很少有一个团队可以一条龙解决。升级是个综合工作，需要多方团队配合，不要图省事，理想化地只找一个团队解决。

在各种"升级官宣"的氛围下，我们往往期望通过一次升级，一次性把所有问题都解决掉，拥抱新的用户和市场，实现全方位的品牌升级。

想法没错，但容易产生过高预期和不切实际的幻想。尤其在后期落地时容易心理预期失衡，只看到那些没有彻底解决的问题，而忽略一些有成效的胜果，和最开始的核心诉求。

品牌升级不是必然成功的。

不是所有品牌的升级都能像好利来、李宁一样，既有声量也有销量。即使是他们也花了好几年的时间才真正升级成功。有可能在刚升完级的时候，品牌的综合表现还不如升级之前。

这么多年的积累，用户和市场的认知不容易一下就调整过来，尤其是在改动比较大的情况下，可能用户群体都会产生变化。

都希望通过升级获得收益，但收益往往是伴随着风险的。客观理性地说，如果升级解决了最初设置的核心问题，那么它已经算在当前阶段成功了。

所以，理性预期，不要过高期待，也不要把所有问题毕其功于一役。

成功的升级，也不是马上就看得出"成效"的。

谁都喜欢有一次品牌升级亮相时的高光时刻，收获竞品的欣赏、用户的赞许乃至营收的全面提升。

但真实的升级成效，是没办法用亮相时的那一刻来判断你是不是真的升级到位了的。

这很像西医和中医的区别。

有的升级，治的是标，见效快，但后劲不足。

例如，近几年不少品牌为了迎合年轻人和市场潮流，换套"衣服"，它不一定符合品牌核心价值和长期战略方向。它也许当下会见效，让品牌得以渡过目前的困境，只是可能无法为品牌积累持续的资产。

有的升级，治的是本，调整的是根上的东西，它可能就没那么快有效果，需要一段时间之后，回过头来看，发现当时的升级确实是对的。

例如，有的升级是为了解挖掘和建立出独属于自己的核心价值和文化内容，它就需要团队长期去浇灌它，慢慢地让这棵树长出来，开花结果。

对于这种类型来说，升级就是为了种下那颗"种子"，团队用时间去耕耘。

29. 定位不要"想当然"

通过广告界和营销界的不断努力,创业者和企业家终于知道了"定位"的重要性。企业需要定位,品牌需要定位,产品需要定位,市场需要定位……

但是,重视"定位"不见得就能做好"定位"。

很多创业者在做定位前没有真正客观地分析市场和数据,凭着自己主观感受"想当然"地做了定位。感觉公司定位了很多次,市场总是没有任何反应。

我们一定要相信市场的反馈,之所以市场不给回应,就是因为我们没有定位好。

定位有没有什么秘诀?想要做好定位,不妨看看下面的10个原则:

第一,做细分领域里的第一名。一般情况下,我们很难成为一个大行业的第一名,我们就需要找到细分领域,成为它的第一名。

为什么一定要成为第一名呢？这是基于消费者的思考方式决定的。我们的大脑为了节约能量，通常只会记住一个行业的第一名，这已经可以为我们在购买东西时提供参考。如果消费者每个领域都要记住前十名，那对于大脑来说就太耗能了。

第一名思维对于创业者来说非常重要，我们必须让产品跟第一联系在一起。

第二，成不了第一，就缩小范围。 可能有创业者表示，我们是初创企业，不管哪一个领域都不是第一名。这该怎么办呢？很简单，缩小范围就行了。

只要我们选择的领域足够小，就可能成为某个品类的第一名。道理非常简单，我们成为不了全国第一名，那就做全省第一名。成不了全省第一名，就做全市第一名。实在不行，成为全县第一名也行。

第三，更好不如不同。 很多创业者创业的逻辑就是比竞争对手更好，很多时候，消费者是感知不到你的产品更好的，他们反而更容易感受到你的价格卖得更贵。

因此，与其更好，不如不同。产品因为不同，消费者就失去了参考的标准，只要我们让产品值那么多钱，就可以了。

第四，做到 100 分。如果我们将一件中规中矩的产品评分为 60 分，那么很多创业者努力的方向就是做到 80 分。可是当我们做到 80 分的时候，就会有人做到 85 分，内卷就是这么来的。如果我们想要成为内卷之王，那么就要做到 100 分，让竞争对手没有进步的空间。

第五，切入口要精准。创业者在定位的时候，总是想要涵盖的潜在消费者多一点儿。这种逻辑表面上看没有问题，但是很多人都是这样想的，我们就要面对更多的竞争对手，也很难成为某个领域的第一名了。其实，创业的切入口越小，越有利于产品占领用户的心智。

第六，成为专家。人们天然会对老中医、老教授更信赖，因为他们是各自领域的专家，会让人们感觉靠谱。同理，我们也要成为某个领域的专家，让消费者知道选择我们没有问题。

第七，至少为消费者解决一个问题。不要试图通过营销把垃圾卖给消费者，如果你是一个具有长线思维的创业者，那么就应该踏踏实实做产品，切实为消费者解决问题。

第八，聚焦某个特定群体。创业之初，定位不能太广泛，越聚焦越有吸引力。哔哩哔哩刚成立的时候只是为喜欢二次元的年轻人打造的，它也成了二次元的一个代表。随着哔哩哔哩越做越大，用户范围才开始扩大。

第九,广而告之。这是一个产品过剩的时代,曝光量成了产品销量的一大决定因素。我们要想尽一切办法来做营销,争取让消费者随时随地都能看到我们的品牌,产品销量想不好都难。

第十,巧妙的定价。定价是一门"玄学",有的产品定价 20 元,无人问津。将它的价格改到 2000 元之后,人们就开始询问了,甚至会被买走。总的来说,定价与产品定位、营销策略是一个系统,彼此之间互相依存,只有三者比较一致才能起到更好的效果。

很多人之所以定价定不好,就是因为我们将定价单独拎了出来,没有与定位和营销结合在一起。

30. 打品牌不能急于求成

对于很多创业者来说，创立品牌就是一个情怀，也是一种执念。很多创业者认为如果不能创立一个品牌，那将是毕生的遗憾。然而，这种心情能够理解，可是一旦太着急的话，最后就演变成了揠苗助长，让公司死得更快。

创业初期我们应该注意什么？

一家企业在创业初期，创业者就花费大量的精力去打造品牌是舍本逐末的，因为人的精力和能力是有限的，如果一开始过度关注品牌的打造，它会很快烧完创业的启动资金。企业一旦没了钱，团队崩塌只是一瞬间。

因为品牌建设是一个既花费时间、又消耗金钱的一个行为。只要公司想做一个传播效果不错的广告，至少需要上百万元的广告制作费用。请注意，这还仅仅是广告制作费用，如果你想在多个平台投放，每个月的广告费用至少是千万元起。

试想一下，有几家初创企业经得起这样的折腾呢？

别说是初创企业了，就连加多宝这种曾经依靠凉茶拿下国内第一的超有实力的品牌也有点儿耗不起。

2012年，加多宝拿下了《中国好声音》的冠名权，仅这一个节目，加多宝就豪掷6000万元。有媒体甚至表示，加多宝每个月的广告费都在1个亿以上。

作为加多宝的竞争对手，王老吉也深受巨额广告费的困扰。2011年，王老吉的广告费用为1.98亿元。到了2013年，王老吉的广告费涨到了5.47亿元。

在经年累月的巨量广告费用的支出之下，加多宝、王老吉双双身受重伤，甚至加多宝传出关厂、裁员的消息。

我们再来看一下国际大牌，几乎所有的企业历史都在30年以上，换句话说，品牌是需要时间积累的。

那是不是意味着初创企业就不需要一点儿品牌意识了呢？

当然不是，打造品牌和拥有品牌意识是两个概念。消费者可以不把我们当成品牌，但是我们一定要用品牌的标准来打造我们的产品。很多人一想到自己暂时不准备做产品，就开始使用偷工减料降价的方式来争夺市场，这最终会给消费者留下不好的认知，后期想要扭转就需要花费数倍的时间和金钱来做。

此外，拥有品牌意识的一个重要表现就是在我们品牌准备生产之前，一定要把商标全都申请好，否则，有人会趁机钻空子，碰瓷式注册，最终可能让我们多年的努力毁于一旦。

因此，创业初期我们最好不要去做品牌，但是一定要有品牌意识，在公司发展的过程中形成品牌。

一个公司将产品打造成品牌的过程一共可以分成三个步骤，分别为：产品、名牌、品牌。

在我们创业初期的时候，我们自己以为的品牌在客户眼里不过是产品而已。此时我们只需要在产品的基础上做的稍微超出预期一点儿就很好。

当产品销量越来越好，甚至做到很多人都知道的时候，你家的产品就变成了名牌。可是名牌和品牌之间缺少了一点儿文化的厚重感。

在公司产品成为名牌之后，我们自然也会有更多的钱来向消费者宣传你的品牌故事，久而久之，名牌也就变成品牌。

31. 客户不是上帝

顾客不是上帝，甲方也不是爸爸。

成就你的也会绑架你。

好的服务不是根本，为对方解决需求和问题才是价值的体现。

最重要的是，"客户是上帝"的服务理念将造成甲乙双方合作心态的不公平，乙方的工作将极难开展，员工心态、合作情绪以及复购率都会成为问题。这里给大家分享几个不同的甲乙双方合作关系。

好，接下来，请看，这四个维度，您处在哪一段位？

（1）最低水平的成交，是乞丐式的乞讨

令人讨厌的群发文案
令人讨厌的弹窗广告
令人讨厌的销售电话
……

这就是乞讨式成交，销售人员"乞求"消费者多关注他们，求着客户继续买他们的产品……

明明可以高维成交，为什么要这般潦倒？

（2）高一个维度的成交，是朋友间的建议

明白了"乞丐式成交"没法发财的销售人员，开始关注消费者本身，关注他们的需求、预算、痛点、体验……也不断提升自身专业度，踏实努力一段时间后，终于可以以朋友的身份，给消费者提供一些相对靠谱的建议。

真心交朋友，专业度也确实不错，于是陆续有人给转介绍。

（3）再高维度的成交，是老师对学生的指导

尊师重道，是烙印在人类骨子里的文化印记。

尝到"朋友式成交"的甜头后，销售人员慢慢有了自己的个人品牌，可以用个人品牌带动产品品牌的销售了。

也就是说"你卖啥，客户就买啥"。

有资本了，开始继续放大自己的个人品牌价值。从 0 到 1，从 1 到亿……在这个过程中，慢慢发现，不仅可以以朋

友身份给客户建议，还可以以老师身份给"学生"以指导。

成为"老师"了，也就慢慢有了定价权。

试问，哪位学生，敢跟老师讨价还价：你的学费太贵了，便宜点吧。

很多业内有些名气的销售人员基本是处于这个阶段，所以可以被动成交。再加上布局了足够多的管道收入，相对实现了选择权自由，可以筛选甚至淘汰客户。

（4）最高水平的成交，是神给信徒定下的规矩

这一点，各行业中能达到的凤毛麟角，且具备一定的时效性。

您可以观察一下，自己圈子/行业里，有没有那种学员一说起某位"大师""导师"，就集体嗷嗷叫的现象。不管三七二十一，刷爆信用卡、借钱分期也要买买买！这种"大师"，用的就是"造神成交法"，把自己包装成不可亵渎的"神"，消费者/学员就是信徒。

大师就是信仰，为信仰充值，花多少都值得。同时，权威不可以质疑，如有质疑，剔出"教门"。

"高纬成交体系"的核心在于把精力聚焦售后,优化体验,做口碑,而不是放在售前答疑。至于售前,站在更高维度,打造个人IP,输出优质内容,提供更高价值,打造"朋友"和"师生"关系,就会不断有人来排队交钱。

所以,客户不是上帝,甲方不是爸爸,你认同吗?

32. 不要总想着溢价

除了奢侈品和高科技产品有品牌溢价权外,其他的品牌基本不要总想着溢价,快消品和日常需求品尤甚。

很多企业和创业者一厢情愿,当企业和门店做到一定规模后,妄想通过品牌赋能自己的产品,做到一定的品牌溢价,最后却陷入售价持续上涨从而丧失原有客户的被动处境。

最近在帮客户做商业选址的工作中,和很多商业体沟通各自场内店铺预调整的信息,"味千拉面"成了出局名单上的常客。我好奇看了一下这个曾经在日式拉面类独占鳌头的品牌菜单价格,居然很难找到40元以下的单品。见微知著,从二线城市店面的产品售价上不难看出企业各个环节的全线落败。

一个本就高毛利的面条类快餐,居然在二线城市维持在人均消费50元的用餐标准。出现问题的部门包括但不局限于:

管理层(品牌定位)、市场部(消费调研与客群、竞品的分析比对)、企划部(定价策略与营销)、商务部(拿店成本、租金谈判)、运营部(运营成本)、研发部(产品组合及毛利计算)、采购部(食材与供应链成本)、财务部(成本管控)……

面临同样境地的还有"周黑鸭"。

周黑鸭在 2023 年年初发布了业绩预告,2022 年的净利润不少于 2000 万元,2021 年的净利润则是 3.424 亿元。由此可知,周黑鸭 2022 年的净利润同比暴跌 94%。

网友们是怎么看周黑鸭利润下跌的呢?

原因只有一个字——贵,点赞最高的几条评论几乎清一色都是在吐槽产品价格贵的。有网友表示,自己只是抠抠搜搜拿了几粒,上秤之后就要 30 多元,超出预期了。

无独有偶,国内上市公司中的绝味食品和煌上煌也同样出现了净利润暴跌的情况。

1 月 30 日,绝味食品发布了 2022 年业绩预告。公司去年营收在 66 亿~68 亿元之间,比 2021 年多出一点儿。但是净利润却为 2.2 亿~2.6 亿元之间,2021 年则是 9.81 亿元,同比暴跌 73.49%~77.57%。

如此看来,国内鸭脖三巨头净利润算是全都出现了大挫折,最少也是下降了 70% 多,最多则是下降了 90% 以上。

那么问题来了，国内卤味系列的上市公司目前遇到的主要问题是什么呢？

还是那句话：产品贵。 餐饮是一个充分竞争的行业，彼此之间的成本价都是相对透明的，如果想要追求一定的净利润，要么是继续大规模扩大店铺数量，要么是提高价格，拔高利润水平。两种做法各有利弊。**尤其是对于具有一定品牌认知度的绝味鸭脖或者是周黑鸭，他们希望利用自己的品牌赋能产品，让它产生一定的溢价。于是乎，产品的价格就越来越贵，这是同行都在用的套路，他们以为自己的品牌值这个价格。**

喜欢吃鸭脖的顾客们也不是傻子，他们对于鸭脖的价格还是很敏感的，当产品涨幅达到 20% 的时候，人们或许可以忍一下。但是当产品价格涨了 50% 的时候，抱歉，顾客不买了。

可能商家也会感觉很委屈，因为产品的成本、人工、房租等都在涨价，产品涨价不是很正常吗？

这只是站在了商家的角度考虑问题，我们有没有站在消费者的角度思考问题呢？最近这几年，钱挺难赚的，很多人的工资收入能不下降就已经很不错了。当主要消费者群体的收入没有提高，产品价格一直在提高时，就会感觉产品贵了。

另外，还有一点特别重要的是，"沉舟侧畔千帆过，病树前头万木春"。**消费者总是能在市场中轻松找到更便宜的新兴品牌和店铺来取代传统品牌。**

33. "地缘性套利"不是万能的

地缘性套利理论，最早是俄罗斯一个投资机构 DST 的合伙人亚历山大·托马斯提出来的，简单来说就是**利用不同地域之间的信息不对称，获取利益。**

这个理论中国互联网企业常用。百度最初学习的是 Google、阿里巴巴看到 eBay 火了复刻出了淘宝。这让很多创业者以为，在一、二线城市验证成功的创业方式，可以经过简单改良，在下沉市场不断复制。

很多在一、二线城市刚火起来的项目，大家觉得成熟了，迁徙到下沉市场却惨败。比如，剧本杀、猫咖、盲盒、呷哺呷哺……这些在一、二线城市很受追捧的产品，进军下沉市场后，迎头就被一记闷棍打蒙了。

尤其是呷哺呷哺，你可能觉得它很适合下沉市场业态。因为呷哺呷哺的客单价很低，主要靠产品驱动，不重服务，整个模式非常轻。原以为他们开辟下沉市场会非常顺利，其实受到的阻力很大。

呷哺呷哺能在一线城市火，因为一线城市的人的生活方式是注重效率，人与人之间的关系比较疏离。在没有打扰的环境下，产品又很便宜，顾客反而觉得很自在。所以，"一人食"的餐饮场景是成立的。但在低线城市里，大家所谓的"下馆子"还是一种社交行为，那里几乎是不存在"一人食"的场景的。

再比如，0糖0脂的元气森林在一、二线城市爆火，但下沉市场的人们觉得没味道，那不是饮料。在县城和村镇，很多人买内衣还是要买聚拢型的，因为这样塑形效果更好，大家反而认为无钢圈、无尺码内衣是低端产品。

下沉市场的人们跟一线城市的生活方式、消费习惯、审美，甚至是对于同一件事的认知都是迥异的。 你想把一线城市成熟的业态，直接迁移到低线城市，常常是不成功的。这是地缘性套利不好用的第一个原因。

地缘性套利不好用的另外一个原因，是信息差依然存在。

当一个大品牌在一、二线城市获得成功，想进军低线市场时，你会发现：你的品牌力没有你想象中那么强。虽然大家都说，互联网让世界变成平的，消灭了信息差。但在我国，地域与地域之间的信息差，远比你想象的大得多。

我有一个朋友，要选一套高端品牌家具装修别墅。在我们内心中，能配得上别墅的家具品牌，至少是华意空间、锐驰这样的。但我朋友跟他在黑龙江一个县级市的家人聊天时，他哥哥很诧异地问："为什么不买索菲亚？"

在一线城市的用户眼里，索菲亚是一个偏中低端的品牌。但他哥哥认为索菲亚是高端品牌。

为了写这个选题，我发动同事问了一下，各自老家人眼中的高端品牌是什么？

当我们问到男装品牌的时候，发现很多在三、四线城市生活的同龄人，说高端男装品牌是海澜之家。但是，海澜之家在很多一线城市用户看来，是一个"爹味十足"的品牌。一、二线城市的人经常调侃穿海澜之家的人的品位。

综上，不妨在这里对所有想进军下沉市场的高线品牌说一句：**不要把地缘套利当捷径，常怀敬畏之心，你才有可能读懂下沉市场。**

34. 不要高估这三个创业特质

无论创业者还是投资人，**最容易被"勤奋、学历高、有激情"这三个特质所误导，也容易出现"意料之外，情理之中"的失败。**

勤奋是一个人创业成功的必备条件，但是仅有勤奋并不能让一个人成功。我们最容易听到的就是清洁工的例子，有的清洁工早上 4 点就起来去工作了，日复一日，年复一年，但是收入并没有明显增长。毫无疑问，能做清洁工的，都是勤奋的人，可是只有勤奋根本就不够。

道理大家都懂，但是投资人也容易被这种表象所误导，从而做出一个错误的决策。因为投资人也不可能时刻保持理性，感性打败理性的时候，就是做出错误决定的时刻。

举个例子：现在有 5 个创业者来找你投资，他们都是做 ChatGPT 项目的，其中有一个创业者每天工作 16 个小时，一周没有一天休息日，其余几个创业者则是保持"996"的工作节奏，留出一天用来休息。

如果你是投资人，你会更容易投资那个更加勤奋的创业者吗？可能性应该超过了其他创业者，因为我们会比较感性地认为勤奋的人成功率会更高。在我们固有的认知中，一个没有任何个人杂念，一心一意把自己投身于创业中的创业者想不成功都很难。

实际上，**一个创业者如果只知道拼命，但是在战略上缺乏远见。那么这个创业者只不过是在用战术上的勤奋掩盖战略上的懒惰而已**，公司想要走远并不容易。

学历同样也是一个容易误导人的投资参考因素。举个例子，假设现在有一个国内普通本科毕业的创业者，还有一个美国常春藤毕业的创业者，请问你投资哪个创业者的可能性大呢？

我们现在并没有足够的统计数据来验证高学历拿到融资的概率，但是我个人认为当投资人面临着二选一的时候，会更容易选择学历高的，可能性或许超过了90%。

难道投资人不知道学历是很容易误导人的吗？当然知道，只不过投资人会用另外一种方法来进行自我欺骗。想要考上美国的常春藤并不容易，不仅仅需要好的学习成绩，也需要一定的人脉关系以及资金的支持。

因此，投资人并不是承认自己是因为创业者学历高投的，而是通过种种行为发现创业者是一个学习能力强、很自律，而且具有一定高端人脉的人，这样的创业者没有理由不投资，毕竟这种人很少见。

我们站在客观的角度来看，是不是觉得投资人做出的决策也挺客观的？甚至觉得投资人的决策真英明。事实上，投资人只不过是对学历高进行了解读而已，只是投资人并不愿意承认。

最后一个具有误导性的行为就是激情，投资人在看到有激情的创业者时，也很容易上头。因为有激情的创业者会被认为是有感染力的，无论是面对员工，还是面对投资人都很有魅力。投资人的逻辑很简单，只要创业者的激情能够忽悠到他，那么也是可以忽悠到其他投资人的。那么公司就容易拥有用不完的钱，从而让创业者实现自己的梦想。

可是我们纵览创业成功的企业家们，他们既有比较激情的人，在融资的时候，眼睛里是有光的，**也有比较内敛的创业者，他们多是比较典型的理工男，不愿意慷慨激昂地演讲，只想踏踏实实做事。**事实证明，这种做法也并没有什么不妥，也同样取得了了不起的成就。

因此，不管是创业者还是投资人，都不能被勤奋、激情和学历高误导，勤奋只是必备项，而激情和学历高也只是加分项而已，并不是成功的决定性因素。

35. 不要脸小、怕碰瓷儿

很多初创公司和新兴的品牌，在面对行业老大的时候都会绕着走，避其锋芒、溜之大吉，试图蛰伏而后动，生怕露了怯，这其实是一种吃亏的做法。

实际上，一个行业内的挑战者在面对行业霸主的时候，反而没有偶像包袱，施展拳脚去开展"碰瓷营销"反而会得到意想不到的效果。

碰瓷营销是一般在竞争关系中相对比较弱势的品牌会使用的方式，毕竟，对于弱势品牌来说，优秀的碰瓷营销不仅能蹭热度、消化品牌定位，把自己和对方放在同一高度，还能顺便嘲讽一下竞争对手，反正怎么做都不吃亏。

而被碰瓷的品牌一方就很尴尬了，如果回应对方，那相当于变相地帮对方宣传，如果不回应一直被打嘴炮则会处于相对被动的位置。

在商业历史中，总会有一些著名的品牌冤家，比如百事和可口、苹果和三星、阿迪和耐克等等。而在快餐界，也有这么一对欢喜冤家。

那就是麦当劳和汉堡王，有些人可能会以为是麦当劳和肯德基，其实不然，麦当劳和肯德基的互相竞争只存在于中国，因为在西方人眼中，肯德基就是一家炸鸡店，面包夹炸鸡只能叫三明治，真正的汉堡必须得夹牛肉饼。

那么，作为汉堡品牌千年老二的汉堡王，是如何碰瓷麦当劳的呢？

1970年，汉堡王动手了，首先，他们推出了自由搭配的服务，就是说顾客可以根据自己的喜好自由选择馅料。

因为当时的麦当劳是打标准化流程的，汉堡里边的配料不支持自选，所以汉堡王就说麦当劳是流水线作业，不尊重食客。

汉堡王这一举动，的确让汉堡王获得了一份声望，但并没有带来什么实质性的改变。麦当劳的门店还是一家接一家地开。

1986年，坐不住的汉堡王又动嘴了，他们首先在电视广告上向麦当劳宣战，在广告片里边，汉堡王使劲吹嘘自己的火烤汉堡肉饼。

并且说这些用煎炸肉饼的汉堡都不是正宗的美国汉

堡，正宗的老汉堡必须火烤，这样才能吃出美国烧烤风味。

汉堡王还在广告里边儿火力全开吐槽麦当劳汉堡，麦当劳一气之下就把汉堡王给告了。虽然汉堡王输了官司、撤了广告，但经过这么一折腾，汉堡王的销量，当年上涨了19%。

汉堡王在这一次的碰瓷操作后顿时醒悟，于是，汉堡王就开始了为期至今的"广告作死之旅"，每天换着法子向麦当劳碰瓷。

2017年圣诞节，汉堡王特地拍了一则广告，里边汉堡王的吉祥物声势浩大地用直升机和车队为麦当劳贴心地送上了礼物——一台火烤炉，就是嘲讽麦当劳的肉饼，不是烤的，是煎的。

2019年的时候，汉堡王又发了一条广告，说我们其实都帮麦当劳做了一年的广告，然后他从一个汉堡的背后拿出一个麦当劳的巨无霸，意思就是说每一次打广告其实我们都带上了麦当劳，只不过他的汉堡太小，被我们的皇堡给挡住了。

除此之外，汉堡王还经常发布一些限时活动，专门针对麦当劳，比如用汉堡王的APP在麦当劳里边打卡，你就会获得一个一美分的汉堡王皇堡。

其实,**汉堡王使用的手段就是在竞品之间非常常用的"借位营销"或者叫"碰瓷营销"**。汉堡王碰瓷营销的案例无疑是一个经典案例,更适合处于挑战者地位的后发公司,希望诸位读者能够从中有所收获。

36. 不要陷进"死海效应"

企业内部管理不要陷入"死海效应",否则将进入由平庸团队打造的向下螺线发展中,没有创新、缺乏创意。

360 创始人周鸿祎之前发过微博说起过这件事:"公司发展到一定阶段,能力强的员工容易离职,因为对公司内愚蠢的行为的容忍度不高,也容易找到好工作;能力差的员工倾向于留着不走,也不太好找工作,年头久了就熬成了中高层了。"

这种现象叫作"死海效应"——好员工像死海的水一样蒸发掉,然后死海盐度就变得很高,正常生物不容易存活。

该理论最早是由布鲁斯·韦伯斯特提出,他发现许多企业都在纠结解决这件事,在公司的发展过程中,有能力的员工更容易离职,对公司各种不合理的制度、人事都持有反对意见,离职了也很快会找到好工作;而能力差的员工,只能选择妥协,留下来工作,出去了也不一定能找到比现在更好的工作,年复一年,最后都晋升成了中高层。

所有公司都惧怕"死海效应",因为产生的影响都是负面的,甚至是毁灭性的,因此公司很有可能会开始走下坡路。

对于泡在"死海"的员工而言更是如此,能忍受这种工作氛围,说白了就是委曲求全、不思进取的表现,在"死海"泡久了,有了免疫力,根本离不开这个环境了。

为了避免发生死海效应,公司部门领导和人力部门要定期清理"白兔型员工"。所谓"白兔型员工"指的是个人能力弱,业绩长期萎靡,但目标和价值观认同度极高,工作态度极好的员工。一些企业愚蠢的行为在"白兔型员工"推波助澜之下,居然变成合情合理。

喜欢到处"阿谀奉承"的"白兔型员工"不是以企业目标为导向,他们的重心反而是用在打好人际关系、拉进与上司关系以及拉帮结派上,每天只为完成任务,如此,任务是做完了,但是却做不好。企业碍于情面又不好"动手",但这种员工并不是企业所需要的。

其实,形成"死海效应"的企业大多没有定期进行企业内部"体检"。 不能把好的激活起来,把不好的清理出去,导致企业内部人才散乱,很多员工都做着人岗不匹配的工作,员工也看不到企业变好的诚意以及自身的上升空间。

腾讯针对"死海效应",在前几年启动了"活水计划",希望建立通畅的内部人才流动市场机制,且形成一种文化,帮助员工在公司内自由地寻找发展机会、促进员工的良性流动,也快速支持公司重点产品和业务的人才需求,实现员工发展和企业战略的共赢。腾讯每年对全员发起敬业度、满意度调研，得分也是连续多年显著提升。

人才有活水，企业才有活力。腾讯"活水计划"的成功开篇，使得员工持续保持激情与活力，促进腾讯不断创造出让用户惊喜的产品。但每个企业都有不同的文化，无法全盘模拟，但我们可以取其精华。激发企业活力，打通企业人才成长渠道。

企业要想逃离死海效应，盘活人才，最重要的是企业做好人才盘点。人才盘点是通过对组织人才的盘点，使人与组织相匹配，确定员工的能力水平，挖掘员工的潜能，进而将合适的人放在合适的岗位上，盘活企业人才。

37. 不要内卷，要外卷

如果我们现在所从事的领域正在经历内卷，那么就要看我们自身的行业特点，以及自身综合实力，如果行业比较成熟，自身实力一般，内卷倒不失为一种好的竞争策略。

举个例子，假设别的超市一瓶可乐是 2.8 元，而你卖 2.5 元，**这是通过价格加深内卷**，如果你也是卖 2.8 元，但是可以送货上门，**这就是通过服务加深内卷的做法。**

对于消费者来说，行业内卷当然是好事，因为他们可以用同样的价格享受到更好的产品、更好的服务、更好的用户体验。但是对于企业和品牌来讲，内卷意味着将承担更大的企业成本，承担更大的支出。

想要在企业的竞争中获胜，只有两种方法：一种是内卷，另一种是外卷。

对于企业家们来说，最擅长的做法就是内卷，这也是比较简单的竞争法则。

手机领域的内卷之王，必将属于小米。小米的成功

并不是提供了一款性价比很高的手机,而是将很多竞争对手内卷死了。在小米出现之前,高中低端手机界限分明,很多想要做大做强的企业都是在助攻中高端,低端手机并不想涉足,原因则是容易自毁前程。

低端手机要求企业必须在成本和利润之间做平衡。如果手机企业想要在低端手机赚钱,那么企业只能用劣质材料来造手机。这种手机生产出来之后也能用,但是用不了多久就坏了。

小米进入低端手机领域放弃了利润的追求,直接用千元机以上的手机配置来做几百元的手机,最终将山寨机进行了一次"大清洗"。华强北的无数手机厂商因为小米旗下红米手机的横空出世而倒闭。

小米虽然没有从红米手机上赚到太多钱,但是在品牌知名度上做到了一个令人羡慕的高度,这算是品牌营销上的外卷。

再以大型超市行业为例,沃尔玛之所以可以在全球范围内做到风靡一时,就是因为沃尔玛做到了极致低价,很多商品都会比竞争对手低,毛利率基本控制在了 20% 以内。

也有一段时间,沃尔玛在我们国内发展迅速。可是随着时间的推移,沃尔玛也遇到了巨大的困难,取而代之的是 Costco 超市。Costco 上海店开业的时候，竟然出现了人流量超标的现象，经营了半天之后就紧急关门了。

Costco 为什么比沃尔玛更受欢迎呢？因为 Costco 卖给你的商品毛利率在 10% 左右，净利率是 0。请不要怀疑自己的眼睛，Costco 卖给你的商品，除去房租、员工工资、税收之后，净利润是 0，甚至可能是负数。

谁能拒绝这样一家不赚自己钱的超市呢？

Costco 为什么可以越做越大呢？原因就在于它从会员费上赚钱，一个人一年的会员费也就 299 元，只需要抢购到一瓶 1499 元的酒，就把会员费省出来了。这个店里有很多国际大牌，价格比电商平台的国际频道价格还要低，只要购买一件，就可以省 1000 元以上。

由此可见，换一种经营思维的角度，企业就容易从内卷中跳出来，以别的优势战胜对手。

我们以华为为例，国产机最常见的做法就是比谁的堆料更牛，价格更低。这也是典型的内卷做法。华为如何破局呢？那就是自研芯片、自研系统，不仅可以摆脱内卷的困扰，也能给产品带来更多的溢价。

当然，华为的这一切都是巨额研发费用投入的结果。作为一家初创的公司，很难拿出一笔可观的研发费用来进行外卷。但是如果我们在某一方面具有很突出的能力，并且挖掘擅于利用这种能力进行内卷外的竞争，那么或许可以通过这种外卷成为行业标杆，让其他企业品牌无法与你竞争。

38. 不要解决"伪痛点"

无痛点，不创业，这是很多创业者都知道的一件事，但是我们却很难分清楚什么是真痛点，什么是伪痛点。

识别真痛点和伪痛点又恰恰是创业者的必修课，如果分不清这个，很多时候，你认为项目的优势往往只是"自嗨"而已。

拼多多为什么能成呢？因为人们对于低价的需求是真痛点。京东为什么也能成呢？消费者对于产品保真的需求也是真痛点。

什么又是伪痛点呢？樊登曾经讲过这样一个故事：

有个创业者发现人们坐在马桶上上厕所的时候，会有水溅到屁股上，因此，他就针对这个痛点生产了一款水溅不到屁股上的马桶。这个创业者希望通过这个产品来融资，从而做大做强。可是投资人的一个问题直接让创业者哑口无言。投资人表示，我完全可以在马桶里放一张纸巾，这样就避免你说的那种问题了，我为什么还要花更多钱，那么麻烦更换马桶呢？这个项目也就不了了之了。

创业者到底该怎么知道自己正在解决的是真痛点还是伪痛点呢？

一共有三个方法：

（1）逻辑推演法

我们可以假设自己就是消费者，当我们遇到这件产品时，是否有购买的冲动呢？

很多人的答案都是"是的"，我劝大家先别急着回答，而是采用一系列的问题来问自己。

我们正在解决的用户痛点是什么？
用户为什么会在意这个痛点？
你能说服一个陌生人来购买这件产品吗？
如果痛点没有被解决，会出现什么情况？
如果痛点得到了解决，会出现什么情况？
痛点没有被解决的痛苦是否大于痛点被解决的痛苦？是否有更加简单、便宜的处理方法？

我们依然以上文提到的马桶为例，它正在解决的痛点就是坐在马桶上面的时候，马桶里的水会溅到屁股上。如果水溅到屁股上会让用户感觉不舒服，甚至很厌恶，影响心情。

总之，在回答前几个问题的时候都会特别顺利，但是在最后一个问题的时候就会变得犹豫不决，甚至是否定的，那么就说明我们正在解决的可能是伪痛点。

（2）专家排雷法

很多创业者难免会陷入过度自信的状况中，我们会认为自己正在做的事情一定有未来，消费者肯定会抢着要我们的产品。

如何才能确定自己的做法是否真的靠谱呢？最简单的方法不是询问身边的朋友，而是去问那些创业成功的人，或者是行业专家们，他们可能会提出更加有针对性的问题，可以帮助我们少走很多弯路。

举个例子，有网友看到给饭店评价的大众点评火了，就有人突发奇想，是不是可以做一个律师领域的大众点评呢？目的就是为了消除普通人与律师之间的信息差，让评价比较高的律师可以接到源源不断的案子，让评价差的律师现出原形，帮助雇主排雷。

可实际上律师行业跟餐饮行业的性质有天壤之别，因为人们天天都要吃饭，吃饭是一个刚需。特别是我们到一个陌生的城市时，难免会打开大众点评，看一下评价比较高的饭店，自己会选择一家合适的过去品尝，踩雷的概率很小。

再来看律师行业呢？这是很多人一辈子都不用打交道的行业。没有人到达一个新的城市时会打开软件找一个评价比较好的律师聊聊天。

这并不是说律师线上化是不可行的，只是这个思路是不太行的。

（3）市场测试法

有很多创业者都是"不撞南墙不回头"的做法，这并不是因为他们自负，而是因为他们更加相信自己的直觉，而且他们认为创业本身就是属于少数人的，就算有大多数人反对也不要紧。

相对来说，很多创业者还是相信市场的，因为自己的产品到底怎么样，市场会给出一个公正的对待。市场说不好，那么才是真的不好。

因此，如果我们不相信前两个方法的结论，那么我们就可以尽可能快地打造出 MVP（最小可行性产品），通过小范围测试的方法来检验市场。如果市场反响很差，那么就没有必要再继续做下去了，反之则可以加大投入。

最典型的做法就是元气森林的创始人唐斌森，他在做饮料的时候，一共做了 100 多款，经过小范围测试，发现只有四五款的饮料数据还不错，于是其余的品种全部被抛弃了。

39. 不要忽视"现金流"

史玉柱在经历了巨人大厦项目失败以后，总结了一句后来常常挂在嘴边的话："企业最怕在现金流上出问题，企业亏损不一定会破产，但现金流一断企业就会完蛋。"

企业没有现金，就像人没有血液一样，无法生存。

要拆解现金流这个游戏，先要拆解与之相关的几个概念：

① **现金：** 公司保险柜里的现金和银行里的存款。

② **净资产：** 公司的资产总额减去负债总额后的净额。

③ **存货：** 公司的各种原材料、半成品、成品、物资等。

在一个最常见的商业循环里，公司通过投资或生产，将账面的现金变成固定资产或存货，经过一段时间的运营，再变成现金形态，如果现金变多了，就可以再次投入这个循环产生更多现金。

但事实上，很多创业者直到公司倒闭，也没有搞清楚这几个名词之间的关联，而原因与陷阱就存在于这些若有若无的关联里。

资金不足：理想美好，现实却足够残酷。

俗话说"兵马未动，粮草先行"，在没有充足粮草的前提下，创业的兵马很可能"出师未捷身先死"。

有一个客户在创业的过程中看到了理想与现实的差距：他起初做了 15 万的创业亏损预算，却在发展过程中发现消耗资金不断递增，年底亏损放大到了 45 万多，足有之前预计亏损的 3 倍。

业务不熟：用不断试错挑战资金消耗。

创业者大多是从职场过渡而来，无论是生存方式还是业务范围，都和从前的认知大相径庭。也许曾经能够因为每月的固定收入而倍感心安，但创业之后，首当其冲的转变就是要面对不断输出的大额资金。

而业务不熟的情况下，不断试错只会加剧资金消耗，徒添焦虑。

创业九死一生，就算对产品了如指掌，还不能保证一定赚钱，何况没有创业经历以及对行业的了解，结局几乎是注定的。当然，创业也不可能等什么都懂了，万事俱备才行动。但是，起码得对准备进入的行业有个基本的了解。

存货积压：现金周转终成问题。

存货积压的问题，是大中小企业都会面临的一大难关。

① 存货后卖不掉：创业者可能会因为不想参与激烈竞争，而选择了一个较为冷门的产品，而市场对于冷门产品的接受度较低，很可能导致存货长期积压而难以销售。

② 存货订单难收钱款：也正是因为存货长期积压，很多创业者抱着放在仓库，还不如以批量价格售出，而这时如果来了一个大订单，他们一般会选择出货，但很多订单的尾款很可能需要 1 个月甚至 N 个月才能付清，更有甚者则会掉入订单骗局的陷阱，存货和钱款双失。

大量扩张：运营铺店消耗资金。

这种情况一般会出现于起步较快的中小企业，在创业初期，集合了团队与模式的优势，具备了一定的扩张能力。

但开连锁铺店，绝不是件易事，打个比方，如果增配一家生鲜果品专卖店的特色流动售货车费用在 3 万左右，但随着数量的上涨，达到一两百家时，则需要创业者有两三百万的资金预算，加之人才的招聘、店面的装修、营销的宣传等等，都需要庞大而稳定的现金流。也许创业初期已经上了轨道，但中期的铺店扩张，绝对是一个十分考验创业者现金流能力的阶段。

综上，对于一个企业而言，没有利润是痛苦的，但没有现金流才是致命的。

现金流作为复杂经济环境中最后的底牌，优化它的方法，本质其实都是创业者自身能力和收入的提升。

40. 不要过度追求技术

很多创业者陷入到了一个误区当中，总以为自己拥有先进的技术就拥有了全世界。

事实可能会让你失望，除了极少部分的科技寡头公司之外，很多大公司的崛起并不是凭借技术的先进性，**而恰恰是一些我们不太重视的东西。比如：商业模式、用户体验、事件营销等。**

因为一个先进技术从出现到人们接受和真正应用，差不多要等 25 年的时间。因此，一项新的技术在它被研发出来的时候，不一定会立刻产生效益。更重要的是，研发新技术的费用可能是一个天文数字，这对于大多数公司而言是不划算的一件事，特别是一些创业初期的公司。

以区块链为例，比特币是区块链技术应用的一个代表。比特币价格的飙升也让很多人意识到区块链技术是一个先进的技术，有很多公司开始研究适合自己公司特色的区块链产品。可是这么多年了，依然没有见到这项技术的快速普及。

这是不是说技术在我们的创业过程中并不重要的呢？

当然不是，**技术重要，但是并没有大家想象的那么重要。**

因为随着摩尔定律的不断推进，很多技术在短期内很难显现巨大的优势。你使用 3nm 芯片的手机，我使用 5nm 芯片的手机，用户体验会存在一定的差别，但是这种差别可能是人体无法感知到的。因此，你宣称的技术先进就会有所打折，决定手机销量的并不是技术的先进程度，而是价格、用户体验和品牌影响力等。

手机至少还是一个比较依赖技术的产品，现实生活中，有很多产品跟技术的依赖程度并不是很高。比如说：白酒、酱油、可乐等。

贵州茅台市值能够超过 2 万亿元，这跟它的技术其实也没有太大的关系，毕竟白酒的酿造过程基本上大同小异。可是贵州茅台却可以成为"神一般的存在"，一方面是因为我国有白酒的基因，各个地方都有喜欢白酒的人，另一方面则是贵州茅台的神级营销。在很早之前，就将贵州茅台和国酒联系在了一起，这也成了顶级送礼的标配。

我们再来看国内的互联网企业，比如：阿里巴巴、腾讯、美团等。这些公司真的是因为拥有领先的技术才成为了市场各自领域的老大吗？

也不是，这些公司的成功实际上是商业模式和战略布局的成功。

众所周知，马化腾曾经想以 50 万元的价格卖掉 QQ，可是当时的互联网大佬们根本就看不上 QQ，他们认为自己用不了 50 万就能开发出一个比 QQ 更好的软件。因此，当时腾讯的技术肯定不是最先进的。

腾讯的巨大成功必然跟那个时代有关，不过也跟马化腾的商业模式设计能力有关。一个团队要想成功，至少要有一个比较强的创业团队，当时那些跟 QQ 做同样软件的公司有很多，只有腾讯做大了，为什么呢？因为这个团队既能提高用户体验（充值与否，都能使用），又能快速提高用户量，还会不断向资本融资，多种原因叠加在一起，促使马化腾成了那个"天选之子"。

尽管腾讯是我国最大的互联网科技公司，但是他们当初能够胜利并不是凭借着领先的技术，反而是商业模式。

因此，在我们以后的竞争中，如果发现竞争对手的技术比我们先进，不要着急，静下心来找到对方的缺点进行突破。通过商业模式的设计，我们很有可能实现"以少胜多""以弱胜强"。

41. 不要各抒己见

很多人都知道一个道理，叫"分享"，叫"利他"，叫"成就别人"。因为这是曾国藩说过的"利可共而不可独"。

但其实这句话的上半句也同样经典——

"谋可寡而不可众"。

小到合伙人，中到一个团队，大到一个企业，家有千口，主事一人。"一言堂"的初创型团队往往效率更高，走得更远。

在某个项目、某个想法的筹划过程中，首先涉及的一定是方方面面的利益关系。一件事做出来，必然不能保证所有人的利益都能够得到保证，那么在不同利益的驱使之下，不同的人想法就会不一样。

事情在谋划之初，如果参与的人过多，大家势必就都会想要根据自己的利益需求来主导事情的发展，但是各自需求又都不一样，这样意见就难以得到统一。这样一来，事情就会陷入久拖不决的状态当中，甚至是"胎死腹中"。

从另一个层面来讲,事情的谋划本身是一个机密的事情。有句话叫"事密则成,事泄则败",即一旦参与谋划事情的人数过多,人多嘴杂,泄露的机率大大增加了,这件事能成的概率也就降低了。

上述两层原因实际上传递出了一个道理:在事情的谋划层面,一定要选择利益趋同的核心人员来商议,只有这样才能确保事情的谋划方向与自己的意愿基本一致,并且能够极有效率地迅速商定,不被泄露。

当然,有人一提到"一言堂",脑海中似乎自然而然地浮现出这样几个前提假设:别人没有说话的权利;别人的意见没有被采纳;领导者自己是极其武断的;领导者的决策是错误的;领导者是低情商的,不会去考虑别人的感受;领导者的决策是自利导向的。与此相对应,"群言堂"这样的提法似乎有这样几个前提假设:大家的意见都是有价值的;一件事情必须经过大家的讨论才能办好;一件事情必须由大家共同决策。

但以上的情形都是基于假设,自古两害相权取其轻,在"时间就是金钱"的高效竞争环境下,对市场的快速反应和响应是企业生存的最重要能力之一。

大型企业通过自身改革去除官僚习气,保障决策效率,中小企业就需要领导者能够当断则断。有些企业之所以被市场淘汰,一个很重要的原因就是,规模不大却染上了大企业病,事情总是议而不决,浪费了稍纵即逝的市场机会。

42. 不要打价格战

商业巨头可以打价格战，中小微企业不要打价格战。 原因很简单，你没有那个身板和资本，更没有为了长远的战略目标而做好阶段性牺牲的准备，承受不起阶段失败的后果。

以前打价格战或许有赢家，现在打价格战，十打九输。原因也很简单，**当前的市场已经从"价格市场"进化到了"价值市场"**。

当今有一个热门词汇，叫作"内卷"。"内卷"本身有多重解释，在此处，我们使用的意思是"非理性内部竞争"。

我们几乎可以在每一年的市场案例中看到疯狂压价的一群企业。如果一个企业压低价格，其他企业为了抢夺订单，迫于压力而陆续降低价格，这样就造成了恶性的内卷。如果继续发展下去，各个企业将进入残酷的价格战阶段，最终的结果则是两败俱伤。

价格高低不是一个纯粹的定价问题，而是营销的核心问题。营销大师科特勒说："你不是通过价格出售产品，而是出售价格。""推销是通过价格把产品卖出去，营销

是通过产品把价格卖出去。"价格以及围绕支撑价格所开展的营销活动,构成了营销体系。低价还是高价,其实是推销与营销的区别。

我们经常看到,低价决定了营销的核心要素只能是价格,因为低价无法支撑其他营销活动。高价决定了它的营销活动可以是丰富多样的,这是由价格所产生的政策空间决定的。

高价打败低价是市场的常态,低价打败高价是个案。当然,产业集中过程中战略性的价格战是例外。营销是把价格卖出去,学会卖价格才领悟了营销的真谛。大众对于价格的"常识",恰恰是营销专业角度的误区。

消费者的购买必须建立在他们对产品的认同基础之上。这种认同源于包装、价格、消费体验(如品尝、试用)、市场推广、品牌传播等。产品上市之后,除了包装和价格的认同之外,其他认同方式都需要一定的营销支持。

价格认同有两个概念:一是价格本身,即价格高低,这种认同不产生购买行为;二是价格与价值的关联,即产品是否值这个价格,这是价格与价值的差异。

低价本身只产生第一种认同,不产生第二种认同。第二种认同是消费体验和市场推广之后所产生的认同。

价格认同不是源于价格本身，而是来源于证明其价值的营销活动。而营销活动需要营销政策支持，这个政策可不是天上掉下来的。有人认为，大企业的营销政策好是因为企业资源多。这是误解。初期的政策投入，只不过是资源的预支，不是无偿使用，是要通过预留价格空间和未来的销量偿付的。

正确的价格思维是：新品上市时价格要稍微高一点儿，然后把利润空间预支出来，用于开展营销活动，以营销活动来支撑消费者对价格的认同。

所谓的营销就是销售价格，大致就是这个意思。

当然，我们不能由此推论价格越高越好，而是需要做好价格与营销费用的平衡。因为越是高价，你越是需要投入更大的力度来保障价格认同。

43. 餐饮业不是低门槛行业

近些年来，餐饮行业成为创业小白们争相涌入的领域。民以食为天，一直以来餐饮业都被认定为绝对的刚需行业，也是一条距离普通人最近的能够实现造富传奇的江湖。

可是，"有人关张归故里，有人把酒开新肆"才是餐饮江湖的真实状态。尤其是在去年，餐饮圈内洗牌更迭更快，市场上看到的是无数创业者倒闭负债，一切归零。

为什么大家伙都喜欢干餐饮？

因为普遍认为，这是对资金需求量相对较小的行业，对比互联网、房地产、工厂等重资产行业，餐饮是入门资金低，没有欠款，现金流又充裕的刚需行业，是解决中国十四亿人吃饭问题的生意。

然而，餐饮业看似简单，可开一家成功的门店却要比想象的难很多。餐饮行业已不再是人们认知中的低门槛行业。

乐凯撒创始人陈宁曾说过，**餐饮业的底层密码已经改变："餐饮企业不再只是美食公司，还应该是品牌公司、科技公**

司、供应链公司和设计公司的总和。"

餐饮具备连锁的性质，又具备零售和工业性质，还具备极强的现场生产和现场服务的性质。如果稍微有点儿规模，还得解决中央厨房和供应链问题，这就同时具备工厂、采购和物流等多种工业性质。

换句话里说，餐饮"上游农业，中游工业，下游商业"。这横跨农业、养殖业，还会涉及中央厨房或工厂的生产制造，同时还有门店销售和服务的全产业链。

归根结底，一个餐饮品牌，既是工厂，又是卖场，还是服务中心。

餐饮行业被互联网行业浸润多年，实现了数字化转型，使得餐饮业的链条越来越长，分工越来越明确。从品牌建设、市场营销、管理运营，到产品管控、供应链搭建，餐饮企业有了更细分的部门划分，每个版块也有了很多独立而专业的公司。

就比如海底捞，张勇开的不仅是一家火锅店，还是一个以海底捞为中心的餐饮链。他将与海底捞餐饮经营相关的经营部分，都拆分出不同的经营版块和独立公司。

可以看见的是，餐饮行业涵盖了制造业、服务业、零售业等多个领域，管理复杂度较高，这对于餐饮掌舵者的管理能力的要求也极高。同时还要基于互联网的数字化、科技化做品牌的升级，因此也要求掌舵者必须具备一定的知识积累和长线的战略思维。

从连锁品牌的体量来看，品牌规模越小，供应链能力就越弱。比如在茶饮行业，一般优质的茶叶原料至少都是一吨起卖，一般小品牌连门槛都够不着，没有充足的资金更行不通。

可大连锁品牌就不同，体量规模就摆在那里。**品牌店铺数量越多，议价能力越强，从供应商那里拿货价格也越低**，而且同样的成本能比别人获得更好的原料，由此利润空间就越大，质量也越好。

从资本的角度来看，他们也更爱关注标准化程度较高、规范化的头部企业，而连锁品牌获得资本助推，这些品牌规模就能够得到进一步的扩大，从而不断挤压小餐饮老板的生存空间。

总之，告别草莽英雄时代后，餐饮业已成为一个综合性高门槛的创业行业，初入市场的创业者需要三思而后行。

44. 公关不只是大公司的专属

很多中小企业掌舵者会忽视"公关"的作用，认为只有大公司才具备培养公关团队的能力，实际上，中小公司的发展更离不开公关。

首先要阐明的一点是，大部分人可能理解错了公关的意思，很多人认为公关就是危机公关，比如说：蜜雪冰城因为饮料里出现了苍蝇登上了热搜，那么蜜雪冰城就可能启动危机公关，让这件事平稳度过。

再比如说：张小泉的菜刀拍蒜拍断了，这会导致品牌出现比较严重的信任危机，公关就是有必要的。大家印象中的公关是不是主要处理这些问题的呢？

实际上，危机公关只是公关内容的一小部分而已。只不过危机公关处理的问题比较棘手，影响较大，而且急迫，费用也比较高，这是人们更加关注危机公关的主要原因。

公关的全称是公共关系，很明显，只要是公司跟社会产生关系的地方都需要公关。比如，很多公司和品牌都在做营销，而实际上，营销就是公关的一部分。

另外，很多公司由于业务比较特殊，可能需要通过一定的人脉关系才能让业务达成，那么我们开拓人脉的过程，也是公关的一种表现。

还有一些大公司，除了会出现危机公关以外，还会出现社会公关行为，比如说：某个地方出现了地震，公司积极参与捐款活动，并且通过特定的渠道对外宣传。这种公关也是我们比较常见的行为，只不过我们不太在意而已。

按照当前的分类标准，公关可以分为12个大类，分别是：**交际公关、宣传公关、战术公关、社会公关、服务公关、危机公关、征询公关、建设公关、维系公关、进攻公关、防御公关、营销公关。**

通过这些分类，我们就应该明确知道公关的范围特别广，并不是只有大公司才需要公关，小公司也同样需要。

只不过小公司与大公司在公关上的关注点不太一样而已。

当我们是小公司的时候，可能更加关注交际公关、宣传公关、营销公关等；当我们成为大公司的时候，可能更需要危机公关、社会公关等。

一家公司从小到大，都是跟公关有着密不可分的关系的，只不过我们有时候采取了公关的行为，不自知而已。

公关为什么可以分出这么多类别呢？**因为每个类别都有自己对应的公司成长阶段，如果公司能在合适的时间内采取正确的公关行为，那么公司可能会比同行成长得更快。**

举个例子：大家都知道 ChatGPT 是当下一个很好的创业风口，如果一家公司与其他 999 家公司一起进入这个行业，主要做 ChatGPT 的一个代理业务。这其实意味着这家企业要与 999 家公司展开竞争，大家几乎是站在同一起跑线的。

这时大多数企业的做法是招人扫楼去推销，可如果是通过 ChatGPT 的优势在网上发布成千上万篇营销软文，再发送成千上万条短视频。大家说谁的成功概率更高一点儿呢？

很明显，**会使用宣传公关和营销公关的公司可以更快成长**。这也是企业不管是初创阶段还是成熟阶段都需要的两个公关方向。

我们现在可以反思一下，我们公司是否一直在忙着做交际公关，而忽略了宣传公关和营销公关呢？

45. 卖点不要过多

现在流行"爆品战略",一个品牌凭借一个产品出圈,从而获得巨大客流,反过来再带动其他非爆品产品。

营销也是一样,集中优势兵力主攻一个卖点,给市场带来的印象和效果奇佳。

在介绍卖点的时候,很多创业者都能说出自家产品的十几种优势,就连做广告也是一口气介绍十多种优势,最后,客户左耳朵进,右耳朵出。

举个例子,脑白金这款产品大家都有印象吧?它是怎样一句话介绍自己的?**"今年过节不收礼,收礼只收脑白金。"**

就因为**"消费场景"**这一个卖点,脑白金最高的一年销售收入达到了 13.5 亿元。也正是因为脑白金的爆火,让那个深陷债务深坑的史玉柱成功脱离险境。

假如我们回到脑白金刚面世的时候,我们会怎么来宣传脑白金呢?是不是首先会强调脑白金的营养成分?因为这是一款保健品,如果不说它的营养成分,你会感觉白做广告了。

除了营养成分外,你是不是会强调它的高大上?因为这是一款礼品,不高大上怎么能拿得出手呢?

可能最后才会提到送礼的场景化需求吧?

如果我们是这样来介绍脑白金,那么我们不仅卖不出去脑白金,反而有可能会负债累累。我们明明给消费者传递了更多的价值主张,为什么反而会有一种画蛇添足的感觉呢?

原因则是消费者的记忆是非常有限的。这就好比我们小时候背课文一样,如果一篇诗歌只有 20 个字,我们就会很容易记住。如果一篇古文的字数在 600 字左右,背诵起来就会非常困难。

我们在做广告的时候希望消费者记住产品优点还是记不住呢?

毫无疑问,我们都希望消费者记住我们最大的卖点,这就需要我们有研究卖点的能力。不管产品的卖点有多少,我们在给消费者展示的时候,只能展现一个最具代表性的,也最能凸显价值主张的。我们的目的就是为了占领用户心智,让消费者记住。

脑白金最牛的地方就是占领了"送礼"的人的心智,很多年轻人给老人送礼物不知道买什么,那就干脆买脑白金送给老人。

塑造卖点，就是要学会放弃，挑选出最突出的一个功能。如何找出公司最大的优点呢？有三种方法：

第一，一句话说出消费者选择你而不选择别人的理由。这个理由看似简单，实际上需要经过大量的走访、调研与测试。

我们依然以脑白金为例，史玉柱也不是直接就想到如此洗脑的广告的。他也是突然发现无锡地区的脑白金销量很好，因此就到无锡考察，拜访了很多老年客户，最终得出了送礼这样的广告语。

有了这个广告语之后，并不能立刻大手笔投广告，而是通过小规模投广告进行测试。如果数据很好，那就加大投入。如果数据不好，那就需要再度改进。

第二，让销冠说出优点。一家公司总会有几个销冠的，他们相对来说懂得说什么样的话，消费者更愿意购买。因此，从公司的销冠那里也能得到想要的答案。

第三，寻找愿意为你主动转介绍的客户。如果一个客户愿意在没有任何奖励的情况下将你家的产品推荐给朋友，那么这个客户转介绍的理由就是消费者购买的原因。

46. 颜值非正义

商业设计是为生意服务的，要以销售为最终目的，而不是为美学和颜值服务的。

在所有关于新消费的谎言里，流毒最广的就是这句"颜值即正义"。

在很多设计公司的设计案例里，颜值最高的产品包装一定是不知名的小品牌和只为拿奖的"飞机稿"。那些我们日常消费的大品牌们，为什么它们的包装反而没那么让我们惊艳？难道大公司市场部的审美普遍都不高吗？

因为真正能做大的公司，它们在产品包装上，首先追求的不是美不美，而是能不能实现生意目的。

即便是同代人，我们对美的定义，一样是参差不齐的。

对于商品而言，我们把包装设计得很美，目的当然不是为了被人夸，而是为了卖货。那么，我们就要思考一个问题：

"你产品包装上的美，可以让百分之多少的目标消费者接受？"

如果你是农夫山泉这样的品牌，你不仅要看上海写字楼里的 Tina 会不会发小红书夸我美，还要看辽宁铁岭那位开公交车的张师傅是不是也觉得我美。

我们不能说 Tina 有审美，张师傅没有，只不过张师傅的审美标准和 Tina 不一样。但是，当 Tina 们和张师傅们的审美冲突时，品牌方就要问自己另一个问题："谁代表了更多的消费者？"

谁代表了更多消费者的审美，谁就是企业的"颜值正义"。

显然，在这场中端饮用水品牌的审美 PK 里，Tina 败了，张师傅胜了。

对于商业美学而言，没有高低对错，只有"美的最大公约数"。当我们在产品包装上追求颜值时，我们不能按照最高美学标准要求自己，而是要看最广泛消费者的"脸色"。

所以，靠高颜值走红的产品，一般都是做不大的产品。**因为在这个世界上，永远是"审美素养低的人"远多于"审美素养高的人"。**

而且，那些"审美素养高的人"往往是掌握舆论话语权的人,那些"审美素养低的人"往往是沉默的大多数。

对于产品包装而言,颜值不是正义,颜值是歧途。设计上的美学元素是不能压过生意元素的。

比如我们熟知的椰树牌椰汁,粗暴的大字报风格,红黄黑配色,很多网友直呼它"辣眼睛"。但事实却是,椰树椰汁用一年突破 50 亿的销售额告诉我们:我是用生意逻辑设计包装的典范。

椰树椰汁的包装,大字报字体虽然很粗暴,但在信息传达环节非常给力。在超市,我们隔着三米远就能看到它的名字,走近了还能看到"噢,它不添加香精防腐剂,是真正用新鲜椰子肉榨汁的",有需求的自然会顺手放到购物车。

包装要为生意服务,给产品做包装不是生产艺术品,要戴着镣铐跳舞。美学元素压过生意元素,包装就丧失了信息传递作用。**给产品做包装,要"先生意再美学"。**

"颜值即正义"是典型的谎言说了一千遍就被当成真理的论调。

用生意逻辑浇灭颜值的虚火,产品才能茁壮成长。

47. 合伙不要"君子协定"

契约精神,对于相当一部分人来说,就是奢侈品。尤其是在重大的利益面前,所谓的"君子协定"往往会形同虚设。这时候,合同和法律会成为游戏规则的捍卫者。

孙悟空取经之路一共历经了九九八十一难,创业几乎也是如此。就算我们已经经历了八十难,依然很难创业成功,很多合伙企业也容易倒在最后一难这里。

公司创业的最后一难是什么呢?那就是合伙人的背刺,会让我们难以招架。

我们在创业之初,可能也想到了与合伙人的分开,也想到了合伙人退出的解决方案,但是我们可能漏掉了最关键的一步,**那就是竞业禁止和保密协议。**

我们可以想象这样一个场景,公司经过几年的发展已经成了一家年收入过亿的企业。但是在关于公司未来该怎么走这个问题上面,公司内部发生了严重的矛盾。创始人凭借着较多的股份选择走了一条争议非常大的路,部分合伙人决定离职走人,公司回购合伙人手中的股份。

那么问题来了，这些合伙人离职之后会干什么呢？

他们几乎不会选择做其他的行业，大概率还是做原来的行业，只不过是从头开始而已。由于这些合伙人手中掌握了大量的技术以及资源，想要快速起盘并不是什么难事，最终被原公司逼走的合伙人所创立的公司很有可能成为原公司最大的竞争对手，这也是原公司最不愿意看到的事情。

为了避免这种情况的发生，**原公司最好与合伙人以及高管们签订竞业禁止和保密协议，可以最大程度保护原公司的领先地位。**

现实生活中，发生的违反竞业禁止和保密协议的案例有很多，几乎所有大公司都发生过类似案例：

> 喜欢小说的朋友们一定听说过起点中文网，它创立于 2001 年，是由五个爱好玄幻创作的作者发起成立的，并且在 2002 年 5 月正式创建网站。
>
> 仅仅经过了两年的发展，起点中文网就已经成为跻身世界百强的原创文学门户网站，这个成绩引起了当时财大气粗的盛大网络的关注，成了盛大网络旗下的子公司。
>
> 网站被收购之后，盛大网络给起点中文网派了一个

高管侯小强来主导网站的发展，网站的创始人们更多是被当成了一种象征，虽然拥有权利，但是并不是完全自由的，毕竟盛大才是大股东。

到了2013年，盛大的高管团队与起点中文网的创始团队之间产生了激烈的冲突，创始团队成员选择离开起点中文网。

创始团队离职了不到两个月的时间，团队成员之一的罗立就被警方拘留，原因则是违反了竞业禁止和保密协议。

据了解，起点中文网的创始团队刚刚离职就被腾讯看上了，立马给他们投资，让他们成立了创世中文网。而这个创始团队在离职前跟公司签订了为期一年的竞业禁止和保密协议，他们成立的创世中文网与起点中文网形成了竞争关系，因此，盛大网络最终是起诉成功的。

不过据专业的律师表示，大多数公司签订的竞业禁止和保密协议是无效的，原因则是范围太广，这是不合理的。

举个例子：你是一个程序员，公司要求你两年之内不能再做程序员的工作，这是不合理的，因为这个协议的范围太广了，已经超出了竞业禁止和保密协议的范畴。

如果想要让这份协议生效，那么就应该规定范围，不允许签订协议的人到竞争对手的公司工作，并且列举相关名字。

48. 不要争竞品之长

任何行业和领域的头部品牌，都有其鲜明的优势和特点，我们称之为企业竞争的护城河，**初创团队在扎进这个行业与头部品牌抢市场时，要避开对方的优势卖点，不与竞品争其长。**

首先要说的一点是：任何一个全民充分竞争的行业都不可能出现唯我独尊的公司，因为不管多么强大的公司，都会给其他公司留下一定的机会。

在讨论如何与比我们强大的公司竞争时，有必要回顾一下经典故事"田忌赛马"，他在跟比自己综合实力更强的竞争对手面前，竟然可以赢得赛马，用的就是比较特殊的策略——**错位配对方法。**田忌赛马的故事告诉我们一个道理：**当我们综合实力不如竞争对手的时候，只要能与竞争对手形成资源错配，就有可能反败为胜。**

同理，当我们想要进入某一个领域的时候，综合实力肯定不如行业老大。那么该如何在巨头的重压之下逆势崛起呢？拼多多给我们打了一个样：

这家公司成立于 2015 年 9 月。那个时候，阿里巴巴、京东等电商巨头均已经在美国上市。阿里巴巴市值在2000亿美元左右,已经是巨无霸型的存在。京东市值也在400亿美元左右。

除了阿里巴巴、京东以外,苏宁易购也是巨型规模,主要做特卖的唯品会也市值过百亿。这在当时看来,电商领域好像已经没有任何机会,因为什么定位的电商平台都已经有了,人们也不需要更多的电商平台了。

黄峥并不信邪,因为他发现互联网平台上那些下沉市场的消费者并没有得到购物的满足。这些人不太在乎品牌,只在乎产品的价格够不够低。在确定好目标用户之后,就采用对应的策略来做就行了。经过几年的发展,拼多多一度超越京东,成为我国市值排名第二的电商平台。

假设当时黄峥学习京东,也走自营时效路线,自建仓库、自建物流团队,那么拼多多可能根本拿不到融资。因为京东花了10多年才建立起来"护城河",初创企业根本就没有实力来竞争。

假设黄峥学习阿里巴巴走中端或者是优质路线,拼多多也不是阿里巴巴的竞争对手。拼多多成功避开了所有互联网巨头已经存在的优势,拿到了属于自己的市场份额。这也是"田忌赛马"的活用典型。

其实，**任何一个行业都会存在巨头们看不上或者是忽略了的市场，只有攻其弱点才是明智之举。**当前的智能机领域看似已经饱和，甚至在走下坡路，实际上并不是完全没有机会。

因为所有的国产手机厂商均开始重点发力高端机市场，那么他们必然会放松低端机市场的防御，如果我们在低端机市场切入，并且主攻可以关爱老年人的智能手机，或许会有一定的机会。

同理，很多行业均可以套用，先分析行业领头羊不愿做或者没想到的，我们进入之后就不会碰见他们的锋芒。通过这种方法就可以让我们从竞争中找到生存之地。

可能有人会问："万一别人是第一名，我们是第二名，我们想要超过对方该怎么办呢？"

当第一名与第二名必然要正面接触的时候，依然可以找到对方不强的地方进行猛攻。举个例子，对方比较强的是线下渠道，线上销售一般，也不太会线上营销。那么我们就可以将重点转移到线上，让线上的营销超过对方，网友会认为你才是真正的老大，久而久之，你也会实现反超的。

总之，当你想要进入某一领域与大企业争夺市场时，尽量"避其锋芒"。当双方无法回避，必然要正面竞争的时候，我们依然要攻其弱项，这样胜利的概率更大。

49. 不要误解"营销"

营销，在当今社会中是一门显学。

但大部分人对营销是有误解的，比如我们常觉得那些非常会炒作的品牌/公司，都很擅长做营销，但其实靠营销成功的企业非常少。

大家认为的他们的营销，其实并不是营销，而是传播。

再比如，我们也时常听到一些创业者抱怨：我们公司产品很好，就是营销上不行。

这也是对营销一个很大的误解，以为营销就是负责把产品卖出去。**其实做好产品，本身就是营销的一部分。**

但凡学过市场营销的人都知道"4P"，就像每个学过物理的人都知道牛顿的三大定律一样。在营销这门学科中，"4P"是一个非常重要的概念，传播是其中第四个"P"，产品则是第一个"P"。（补充：营销最基础的是 4P 理论，即：Product 产品，Price 价格，Place 渠道，Promotion 传播，大部分人应该都听过，却没有真正地理解。）

真正做营销的人应该从产品（第一个"P"）开始。

你的商品足够好，就有渠道可以售卖。然后老老实实做好产品，找好渠道做好回头客，做好客户管理，这就是营销的内容。

当然，在做产品的过程中，对营销人来说，最重要的能力就是：能瞬间变成用户，从用户的角度看购买的整个过程。

实际上，品牌的成功首先是企业的成功，企业的成功则要归功于企业经营的成功，而营销本身是企业经营的一部分。

如果你想对营销的认知再提升一个层次，那么就要从商业经营的逻辑开始思考。

诚如战略管理学家阿诺尔特·魏斯曼所说，**一个问题的解决，总是依赖于与问题相邻的更高一级的问题的解决。**营销和经营的关系也是如此。营销威力的发挥与成功，其实最终依赖企业的经营和组织能力。

"一个营销点子就能拯救企业"的说法是片面的和绝对的，是对商业世界运行规律的不尊重。在与客户的合作中，我认识到营销的本质是帮助企业经营，企业经营的本质是让企业在商业活动中获得长期优势。

营销的"营"，其实是经营的"营"。

营销的本质是帮助企业经营,企业经营的本质是让企业在商业活动中获得长期优势。没有经营,就不会有营销,没有好的产品,推广也只能是一种杀鸡取卵、竭泽而渔的行为,没有任何意义。

50. 避免同质化竞争

同质化竞争是指同一类系列的不同品牌的产品，在外观设计、理化性能、使用价值、包装与服务、营销手段上相互模仿，以至产品的技术含量、使用价值逐渐趋同的现象。

商业竞争中，企业想跳出同质化竞争泥潭的核心在于构建属于自身的商业壁垒。

我们必须想出一些办法，来让那些我们模仿的或者模仿我们的公司功亏一篑。当然，最牛的一种做法就是我把我成功的秘诀告诉同行，但是同行学不会，例如：海底捞、胖东来。

我们大多数创业公司是做不到海底捞、胖东来这种级别的，因此，不妨从以下几点着手，建立起自己的竞争壁垒：

第一，商业模式壁垒。当一个行业开始流行的时候，我们与竞争对手是站在同一起跑线上的。如果竞争对手是一个很有实力的创业者，我们反而可能处于弱势地位。那么我们该怎么让自己更有竞争力呢？

答案就是商业模式。当全行业的人都在计划用产品赚钱的时候，我们完全可以产品免费，通过租金或者是广告回收成本。当所有同行也都采取产品免费的时候，我们再用其他的方式赚钱。

归根到底，我们的商业模式推出之后的目的就是颠覆行业，让消费者没有任何犹豫的空间。

商业模式的类型有很多，但是从本质上来看，只有两种：一种是直接赚钱的方法，比如卖产品、卖服务。代表公司是苹果、华为、小米等；另一种是间接赚钱的方法，比如卖广告，让第三方来支付费用。比如：百度、抖音、快手等。

第二，技术创新壁垒。在创业公司发展一段时间之后，可能会有技术上的壁垒，那么这就会成为公司发展的核心。特别是一些关键技术领域的专利，那么可能会出现"卡脖子"的现象。

华为公司在 5G 领域布局的时间很长，也拥有着很强的技术专利。就算华为 5G 发展遇阻，但是同行想要用到华为的 5G 技术，依然要给华为交很大一笔专利费用。

再比如：用来制造芯片的光刻机公司 ASML，它的技术在全球是最领先的，几乎所有的芯片公司都要向 ASML 公司下订单。正因为技术上的领先优势，让 ASML 拥有了很高的溢价。一台先进的机器售价可以高达 27 亿元人民币，公司的毛利润可以达到 50%，也就是说一套光刻机可以赚到 13.5 亿元的毛利。竞争对手们只能眼馋，但是赚不到这些钱。

第三，创业团队壁垒。"三个臭皮匠，顶个诸葛亮"这句话放在创业领域是不适合的。事实上，一个诸葛亮可能抵得上千军万马。

为什么普通经历的人很难将事业做大，而拥有非凡眼光和经历的人却很容易将公司推上市呢？最主要还是创业的核心团队能力很强。

以前锦江之星是比较出名的经济型连锁酒店，但是在如家出现之后就没落了，这是为什么呢？因为如家的创始团队成员已经成功打造过一家上市公司——携程网。

第四，投资阵容壁垒。当两家公司创始人能力、经历差不多的时候，谁能够真正胜出呢？决定因素可能不在这些创始人手里，而是在投资人手里。特别是创业初期需要跑马圈地的时候，谁能够更早拿到投资人的投资，谁能够拿到的更多，就决定了你能否跑得更快，跑得更远。

举个例子：A 创立了一家公司是腾讯投资的，B 创立了一家公司则是其楼下的便利店老板投资的，而二者的项目刚好一样，你说谁更容易成功呢？

当然，一家公司的真正壁垒最好是多方位的，这样才能让我们更有竞争力。在我们公司拥有创业团队壁垒、商业模式壁垒的同时，还能拥有投资阵容壁垒，那么我们的成功似乎已经指日可待。

51. 避开劳动密集型产业

劳动密集型产业，顾名思义，就是用工较多、工种较基础、靠人堆的行业。

不是说所有用人多的行业领域都没机会，但更多的是国家政策结合产业结构由大的资本平台兜底运作，比如房地产，比如美团、饿了么，比如基建、制造业等，很少有适于小规模、小成本、新兴的企业和团队去尝试的。

道理很简单，我国的人口红利在下降，人均受教育程度在提高，随之而来的基层劳动力人口在减少，**导致"招工难，用工贵"。而这两项，是劳动密集型行业的死穴。**

众所周知，我国制造业曾连续 11 年位居世界第一。我国工业体系建立健全的程度、工业产品制造技术水平是他国望尘莫及的。而这其中，有一个不可忽略的重要因素在支撑，那就是——劳动力红利。

我国拥有全球最为庞大的劳动力市场，这个市场能够为制造业的发展提供着源源不断的动力，为我国制造业腾飞打造出坚实基础，是经济社会持续健康发展的重要支撑！

但是我国正在失去传统劳动力红利,这是无可争议的事实。究其原因有以下几点:

第一,我国的新生儿出生率越来越低。2020年我国总和生育率就已经跌到了1.3,这已经落后于大多数的国家,已经是一个低生育的国家。这也导致了我国的劳动力数量持续降低,人口结构出现失衡现象。

第二,随着我国社会经济的长足发展,国人的生活水平得到了明显的提高,这导致现在年轻人也越来越不愿留在"吃苦受累"的制造业企业工作。

第三,随着我国制造业企业持续优化升级,现阶段所需的工人多为复合型的技术工人,而不是那种没有一技之长的工人,而符合要求的技术工人并不多。

前不久,人社部发布了2023年第二季度全国招聘大于求职"最缺工"的100个职业排行。这个榜单显示:营销员、快递员、车工、商品营业员、市场营销专业人员、餐厅服务员、保安员、电子产品制版工、保洁员这些行业均排在前十位。

这个榜单一经发出,在网上引起了不小的关注。广大网友对于这一份榜单的评论也是褒贬不一,其中,很大一部分的网友戏称这一张排行榜不是"最缺工"排行榜,而是"干得最多,挣得最少"排行榜!

没有从事过这个行业的人往往都会看到一些网上的消息,比如某某快递员月入2万,某某快递员一天挣800之类的新闻。其实这些都是媒体在炒作,拿着个别事例来吸引大众的注意力。在快递这个行业中,大部分人的收入也不过就是四五千元。

以上的新闻与信息,一定程度上反映出当前行业的"用工难"现状以及年轻群体对基层劳动工作的抵触和排斥。这将使得小型的劳动密集型企业不得不靠增加基础工资来维系行业基本用工,而多出来的这部分薪酬开支,将进一步削减本就微薄的企业利润,使企业发展举步维艰。

52. 别只盯着高净值市场

很多大城市的创业者，张口闭口必提"北上广深"，讨论数据只限"一二线"，没等市场规模做大呢，先把自己架到了一定高度。

但是，真正的中国消费，藏在下沉市场里。

我国三线以下城市人口，占总人口的 70%，在 300 个地级市，2800 个县城，40000 个乡镇和 66 万个村庄的土地上，**大约有 10 亿人，在这里消费、生活。**

"下沉市场"是一个很形象的词，它暗含着物以类聚、人以群分的假设性前提，堂而皇之地把消费力鄙视链摆在纸上。人们对于下沉市场的想象，总是居于两个极端，认为下沉市场形同鸡肋，或者下沉市场才是"淘金场"，但是实际上这两者都是刻板印象。

仔细观察这一年的品牌市场布局动作，会发现越来越多的品牌开始向不同路径定义下的"下沉市场"发力：喜茶开放加盟、星巴克扩大在华开店数量、盒马推出适用于非一线城市的门店类型……

"下沉市场"也确实值得他们期待，有能力哺育出目前国内仅有的四家万店连锁品牌的土地，还有很大的余量等待品牌去发掘。蜜雪冰城、绝味鸭脖、华莱士和正新鸡排的成功有多性感，品牌们想要征服"下沉市场"的愿望就有多强烈。

这么多下沉市场里的"隐形冠军"浮出水面，也有这么多下沉市场的研究报告发布，但直到今天我们对这片广袤的土地，依然有很深的误解。

比如，很多互联网 APP 在向投资人或客户"秀肌肉"时，依然在强调它的一、二线人群份额占比。比如，很多人创业之初，依然喜欢先锚定一、二线市场，再试图向下沉市场渗透。

以市场的结果来看，这都是错误的思路。从创业第一天起，**如果你能锚定更广袤的市场，就不要只盯着所谓的高净值市场**。如果你能锚定 10 亿人的心智，就不要只惦记着一小撮人的口袋。

其实，做好下沉市场的前提是：不要再用"下沉市场"这四个字定义下沉市场。"下沉市场"这四个字，只是一、二线城市的人对非一、二线城市的人的一种俯视，是一个不负责任的标签。

因为下沉市场是一个非常粗糙的概念，地级市、县城、乡镇、农村、南方、北方、沿海、内陆，不同地域人们的生活习惯、消费习惯有着巨大的差异。

地域差异不是只有南方和北方的差异，黑龙江齐齐哈尔和牡丹江之间的差异也是很大的。

假如你是一个连锁烧烤品牌，你进入齐齐哈尔和进入牡丹江，经营思路是不一样的。齐齐哈尔是东北的烤肉城市，当地人习惯铁板烧烤，烧烤店竞争尤其激烈。想把烧烤店开进齐齐哈尔，你需要重新梳理自己的优势，找到市场上的空白区。

下沉市场的真正叫法，应该是"分级市场"。做好下沉市场的根本，是要千域千面、因地制宜地设计营销策略。

近几年，随着一、二线城市部分人口的流失，我国城镇化进程不断推进和基础设施建设、物流体系的不断完善，下沉市场正展现出前所未有的消费潜力。作为创业者，如果眼高手低，只是盯着所谓的高净值市场，必将失去真正的消费蓝海。

53. 不要爱上自己的产品

我们之所以会爱上自己的产品，就是因为我们在一件产品上投入了太多的时间和精力，我们认为消费者一定会爱上它。实际上这只不过是创业者的一厢情愿而已。

有心理学家做了这样一个实验，将一群人放在宜家，让他们自己组装宜家的家具，组装完成之后，让他们对此产品做出一个估价。实验证明，自己组装出来的产品的估价要比实际售价平均高了63%。**这就是著名的"宜家效应"，因为我们在一件事上投入了较多的时间和情感，因此认为它值更多钱。**

同样是做出"宜家效应"实验的心理学家，又让一组没有折过纸的普通人跟专家一起进行折纸。大多数人认为自己折出来的效果跟专家的是一样的。可是完全置身事外的第三方却能一眼看出专家团队折出来的纸更好。

很明显，这就是我们人类的一种正常的心理反应，都会认为自己做出来的会更好、更贵、更有价值，实际上并非如此。用一个词来描述就是"自嗨"。

创业者如何避免陷入"自嗨"的尴尬境地呢？

尽量不要过度去爱自己的产品，这会让我们无法保持客观和理性。都说恋爱中的人们智商会降到 0，爱上自己产品的创业者何尝不会让自己智商快速下降呢？

在保持理性的前提下要用最低成本开发出具有针对性的产品。举个例子，假设我们认为无糖市场很有前途，尤其是无糖奶茶领域，那么我们现在就应该先推出自己的无糖奶茶，看一看消费者是否认这个概念。而不是花大价钱搞一个旗舰店，再花大价钱去设计店铺和产品的各个细节，如果消费者认可，我们之后再一点点提升，这会给消费者带来惊喜。如果消费者不认可，你却花费了巨资来做这件事，那么赔钱只是时间的问题。

说白了，在我们觉得某个领域有机会的时候，一定要先推出 MVP（最小可行性产品）。根据市场的反馈再来决定继续还是不继续推进。如果市场反应很差，这就说明方向错了，最好不要继续。如果销量还可以，甚至是超预期，那么就可以继续。在这个过程中，不可避免会有很多网友的吐槽，根据网友的吐槽，再进行改进就行了。

如果想要把创业这件事说得再通俗易懂一些，**那么就要创业者做一个"渣男""海王"，基本原则就是"广泛撒网，重点培养"。**

我们不能特别沉迷于某一个产品，而是一次性培养很多产品，哪些产品受到了消费者的喜欢，那么就留下。哪些产品推出之后并没有收到预期的效果，那就果断放弃。

大家都听说过元气森林这个品牌，创始人唐斌森在做产品的时候一口气做了 100 多款饮料，一款接一款地测试，测试数据好的就留下，测试数据不好的就被淘汰。100 多款饮料到最后只留下了四五款饮料，其余的近百种饮料全部淘汰了。

难道被淘汰的这些饮料中就没有唐斌森特别看好的吗？

一定有的，但是市场不认可，那就果断放弃，不要再做挣扎。错了就要认，也是创业者的一项优秀素质。

54. 小生意不要大合伙

经常会遇到关于创业合伙人的问题：是不是所有的生意都适合合伙呢？有没有适合单干的生意呢？

肯定不是所有的生意都适合合伙，也有适合单干的，这个要具体问题具体分析。一般情况下，做的生意比较大，年营收有希望超过 1000 万的，基本上是需要合伙人的。相反，那种我们不管怎么努力，营收都是几十万或者是最高在五百万以下的，基本上不怎么需要合伙，因为自己一个人基本上就能搞定。除非我们做的是一个比较依赖资源的行业，合伙人刚好有源源不断的资源。

可能用营收来定义生意的大小并不适合，但是它可以让大家更直观地判断自己的生意是否需要引入合伙人。

特别不建议大家引入合伙人的生意模式就是开小店的小生意模式。比如说：水果店、奶茶店、面馆、炸串店等。

主要有三个原因：

第一，这些店铺没有太多的技术含量，合伙人也很难给

店铺做更多赋能。实体店是一个比较依赖位置的生意,只要位置开得好,生意就可能很不错。你并不怎么需要合伙人来帮你做营销、做宣传,或者是拉人脉。

很多人之所以会在开小店的时候引入合伙人,最主要原因是资金不够。也想通过合伙的形式降低一部分创业的风险。这种想法是没错的,但是开店是一个勤行,需要彼此在小空间里不断忙活,很容易会对彼此不满的,这也是很难避免的。

第二,盈利能力有限,一个人刚好,两个人不够分。 现在这些门槛比较低的店铺,基本上都是处于饱和状态,竞争非常激烈,利润也很薄。一家经营比较好的小店,一年能赚 30 万以上,这是比较好的情况了。大多数小店的年利润在 10 万～20 万,想要做到这种程度也并不容易,不仅需要勤快,还要运气好,找到好位置。还有一些小店一年连 10 万也赚不到。

我们就按照大多数的情况计算,一家小店的盈利是 20 万元,这对于创业者而言就已经很不错了,至少比打工好一点儿。可是假如你多了一个合伙人,你可能就要分掉 10 万元,你会感觉跟打工差不多,就有一种不想开店了的感觉。

第三,小店需要的是一个独裁的人。 小店本身就有船小好调头的好处,需要灵活调整,适应当下的环境。如果一个小店有好几个合伙人,那么每人一个主意,到底该听谁的?

不要搞到最后跟大公司的办事效率似的,那就得不偿失了。

当然,以上说的小店只是我们在追求一定利润、没有发展连锁的情况下适用的。如果我们在创业之初就想要打造出一家类似于海底捞、绝味鸭脖、蜜雪冰城等这样的连锁品牌,那么就不是小生意了,而是一个没有边界的大生意,营收可能超过数亿元,这个就需要合伙人了。因为公司在发展的过程中可能需要一个比较好的财务、一个法务、一个营销人才等,这些人组合在一起才能让公司更快更稳发展。

因为一个优秀的法务、财务、产品经理或是营销人才都是比较稀缺的人力资源,如果公司想要用常规的雇用薪水笼络他们,恐怕有点儿难,那么就要用合伙的形式来吸引他们入圈了。

这是一个合伙的时代,如果我们想要取得超过平均水平的成绩,那么就要与各种各样的人进行合伙,让事业发展顺利。当然,如果我们是一个知足常乐的人,不想要赚太多钱,也不想被太多其他的杂事打扰,那么做个小项目就够了,小生意无须大合伙。

第三章 技法

商业判断·经验·执行

55. 定价不要陷入成本误区

定价的逻辑，不完全在成本。

而是取决于企业如何定义、传递产品价值。

品类、场景、价值感知的不同，利润可以相差 10 倍，产品价格源自于品类与场景带来的价值认知，品牌、渠道、推广是传递认知的通路。

你占据了什么样的位置就可以用什么样的价格，反之你不在那个位置你就定不了那个价格，不是你定不出来，是消费者不接受、不认可，因为你没有那个势能，价格是势能——善战者，求之于势，不责之于人，故能责人而任势。

iPhone 可以把价格定在高价位，华为经过几代 mate 系列刚刚坐稳高价位，小米还在努力地往高价上面走。

第一代特斯拉价格必须定在高位，10 万美元的 Roadster，代表的不只是特斯拉而是电动车品类的未来。如果第一代特斯拉定在了和普通燃油车一个价格上，特斯拉就不是特斯拉了。

经过 Model S、Model X 高位价格势能的积累,到了后面释放出的势能就不一样了。Model 3 的问世,以 4 万美元的价格渗透到中端电动车领域,强势的品牌,受追捧的高科技和诱人的价格将一大部分买家从同级别传统汽车品牌的市场份额中迅速吸引了过来。

事实上,相比于成本而言,消费者更关注的是购买产品带来的收益。这包括:使用价值、功能价值、形象价值、社会价值四方面,定价的逻辑从来不是成本,而是创建优势认识与价格锚定。

(1)物理场景、心智场景

物理场景:一个马克杯在地摊卖 5 块钱一个,10 块钱 3 个,在星巴克配上曼妙的环境、咖啡的香气、场景化的陈列可以把价格再放大 5~10 倍。事实上,任何一家咖啡店卖的杯子,都可以卖出地摊价 5~8 倍的价格。溢价空间不是产品,而是场景与周边价格锚定。

我们讲线下新物种,本质上是销售的物理场景重新构建,比如:前几年的盒马鲜生和如今火爆的小酒馆。饭还是要吃的,酒也是要喝的,只是新消费者需要新的物理场景去激发吃、喝的欲望。

心智场景:牛奶是一个大众产品,卖给大众就只能用大众的定价。如何把一杯牛奶卖出大众价 3～5 倍的价格，核心不是增加功能，而是发现、再造心智场景，重新定义目标消费者。比如，卖给儿童的早餐奶、卖给白领的晚安助眠牛奶、卖给孕妇的孕期补钙奶。

特仑苏不就是这么做的吗，简爱不就是这么做的吗，把酸奶定价翻了一倍，卖给了时尚宝妈，如今又准备了父爱配方，再卖一遍。

（2）价格锚定：站在贵的旁白、用过去锚定现在

你想成为什么样的产品，就要站在它旁边。请人吃饭白酒上了茅台，红酒选择什么样的合适呢，既不贵又有面子，奔富 407 绑定了茅台飞天，一下子贵得有理起来。

在没有更多的信息时，过去的价格（或其他可比价格）就可能是现在价格的重要决定因素，通过锚定过去的价格来确定当前的价格。

原价 499 元起的羽绒服现在只要 199 元起就可以买到，有它作为参照，顾客会毫不犹豫接受 199 元的价格，这里 499 就是锚点。贴膜要好几百、会员服务要好几千，如果你刚刚花 8699 买了 iPhone，那很可能在感觉上是可以接受。如果再加上一句：没购买 Apple Care 服务的话，维修屏幕的费用是 2600 以上，整机换新的费用是 4600 以上，瞬间你就会被俘获。

另外,还要站在更好的行业维度,看定价这件事。定价不只是一个企业的事,甚至决定了行业生态。任正非在一次采访中讲到,苹果很伟大,它的定价很高,给后面的其他品牌留出了机会,如果苹果一降价,其他品牌就玩不动了。

56. 不要均分股权

商业小白在公司成立之初常犯的错误有很多，其中有一个频率高发且危害致命，即：平均分散股权。

所谓平均分散股权，即股权分散，没有明显大股东的情况。比如：

50%：50%
33%：33%：33%
25%：25%：25%：25%

如果创业公司股权平均分散，基本上九死一生。

因为存在以下弊端：

股东搭便车，没有人真正为公司负责。

决策成本高，大家都是主人。又没有在话语权上能说了算的人，遇事吵吵嚷嚷，议而不决。

容易导致内部人贪腐。

管理人员需要有人监督，在平均分散股权的模式下，对每个股东来说，监督带来的收益不大，而监督需要成本、精力、时间，更会得罪人。

没有监督，规则也就会进一步失控。因此，股权均分，是股权设计的头号死局，创业期的同心同德往往让人忽略了利益对人的侵蚀性。随着公司发展壮大，利益增多，具有平均股份和权利的股东也必然"同床异梦"。

容易引起股东之间的矛盾。

平均分散股权的设计方法，肯定会出现股权除不尽的情况，就会导致一个股东的股权比例比其他股东多那么一点点，而多那么一点点，会导致话语权大大的不同。

不同的初创公司情况各不相同，对于公司的最佳股权分配比例也各不相同，但最差的股权分配比例应该就是五五分了。

对于初创公司，很多情况下是由于公司创始人的"人合"而成立，因此，创始人在股权分配上不会计较利益得失，一般不分贡献大小、投资大小，而完全追求股权的平均分配。这种分配，对于初创公司早期而言是好的，因为创始人之间会互相信任，但随着公司的不断发展，可能就会在创始人之间出现意见不合的情形，如果长期无法达成一致意见，不仅不利于公司发展，也很有可能会出现"公司僵局"的现象，最终导致创业失败。

基于《公司法》规定的股权 1/2 的决议规则和 2/3 的特别决议规则，相对理想的股权分配比例是持 1/2 以上股权，更理想是 2/3 以上。

公司创始人应该从公司成立之时就把握好对公司的控制权，不论后面融资多少，这点比较成功的案例是京东，失败的有雷士照明。

如果创始人不能很好控制股权，则最终有可能失去公司。

初创公司的股权分配要考虑二类人：创始人和高管、骨干员工等。对于创始人可以平均分配股权，然后从其是否是公司召集人、执行者、全职创业者、CEO 等增加相应的持股比例。

对于高管、骨干员工等，在创业之初最好不要给其股份而是工资，但可以设立期权池，给予他们期权。

这里多说一句，员工期权计划，英文简称 ESOP，俗称期权池，是初创企业将部分股份提前留出，用于激励员工（包括创始人、高管、骨干、普通员工等）的一种最常用的股权激励计划。

初创公司一般都会在 A 轮融资进入前就设立好期权池，以便激励员工、吸引融资。期权池的预留比例大概在 10%～20%，具体大小要结合初创公司的未来发展规模，未来需要引进的重要员工越多，则比例越大，反之越小。

57. 不要设计无效卖点

任何一个所谓"卖点",都是和市场上的"买点"相对应的;当一个产品的卖点,没有满足其所对应的买点,就是无效卖点。

我们常说:客户并不需要你的产品,客户需要的是解决他的问题。这就是卖点的本质,通常来讲,卖点有三种内涵:

让客户一听就上头的购买理由;小学生能准确转述的传播符号;给出产品功能之外的价值锚定。

这三个内涵分别对应:**决策推动强、认知成本低、价值含量高。**

这三个内涵如果能有机地结合起来,那卖点的威力就有机会发挥了。

那么,产品卖点与客户买点具体有着什么联系呢?

有人经常在商场里买衣服,偶然一次在直播间买了一件衣服。这时,出现了一个情况,即"客户需求≠客户买点"。因为此时的客户买点,是直播间主播的催化作用和粉丝关系,并不是衣服本身的功能需求。

再比如,"充电 5 分钟,通话 2 小时"。这句话拆解开来,前半句是产品卖点,后半句是客户买点。产品卖点是商家发明了一种快充技术,但是客户并不在意,客户需要的是能打电话。

那我们试着来列举一下:

特斯拉卖的是电动车,客户买的是创新精神。
奔驰卖的是汽车,客户买的是商务身份。
海底捞卖的是火锅,客户买的是服务。
肯德基卖的是快餐,客户买的是亲子关系。
美团外卖卖的是餐饮,客户买的是送货上门。
蜜雪冰城卖的是加盟,客户买的是茶饮。
同仁堂卖的是药品,客户买的是品质。
学区房卖的是房子,客户买的是望子成龙。
微信卖的是流量和关系链,客户买的是免费。
小米卖的是客户运营,客户买的是高性价比。
天猫卖的是商品,客户买的是全球新品首发地。
京东卖的也是商品,客户买的是送货快。

说到这里,大家就明白了,**谁能把产品卖点和客户买点,放在一个场景里,并且使二者产生化学反应,那谁就拥有了一个大爆品。**

而产品的卖点，我们依次根据卖点强弱分为以下五个级别：

> 头部卖点复购率高，
> 肩部卖点转化率高，
> 腰部卖点注意力高，
> 行业卖点同质化高，
> 无感卖点流失率高。

针对头部卖点，我们有五个判断点：客户决策标准、价值链链主、流量入口、趋势引领、复购率高。

针对肩部卖点，我们有五个判断点：品类创新、圈层锁定、情感共鸣、产品逻辑、转化率高。

针对腰部卖点，我们有四个判断点：购买理由、逻辑自洽、有一定新意、产品机制、注意力高。

显然，头部卖点和一部分肩部卖点，都有可能具备超级卖点品相。而市场买点的由弱到强，也有以下几个需求类别：

（1）无感需求

如果产品卖点是小众认知，大家理解之后，也只是满足了小众需求，那这个卖点对应的是无感需求。换句话说，产品卖不动。

（2）行业需求

如果产品卖点是大众认知，表达的都是大家一听就能理解的通用卖点，那这个卖点对应的是行业需求。换句话说，产品同质化。

（3）期望需求

如果产品卖点是大众认知，和行业对手相比，引起了客户某些确定性的联想和期待，那这个卖点对应的是期望需求。换句话说，产品有逻辑。

（4）魅力需求

如果产品卖点是小众认知，大家一听不太容易懂，但是使用过之后，产生了不同寻常的体验和口碑，那这个卖点对应的是魅力需求。换句话说，产品有顿悟、有爽点。

这样，当我们看到一个广告语或者一个落地页图片的宣传语时，我们首先要根据上述这四点，来解析一下我们的产品卖点处于哪个需求层次？不同需求的销售转化率当然也就大不相同。

58. 定位不要剑走偏锋

"善弈者通盘无妙手。"

高手的战略，在于稳定性和可持续性。

很多创业者喜欢走捷径，想以小博大，苦心去寻找市场中的商机，幻想着自己能够定位到别人都没有发现的商业蓝海。而最后往往都是以头破血流的失败收场。

出奇制胜不对吗？对，**但要守正出奇，"出奇"要在"守正"的后面才可以。** 商业投机过于瞄准空白市场的结果，往往是其受众消费者的数量也跟着受限起来，消费基数和体量不足以支撑产品的销售和可持续发展，最终昙花一现。

还是以餐饮行业中的品牌为例，能孵化出上千家店的大连锁品牌，其定位一定是品牌所在地的大品类、热门类，是真正的商家必争之地：

麦当劳和肯德基是世界的汉堡与炸鸡。

海底捞和巴奴是中国人的火锅。

袁记、大娘、喜家德是刻在食物基因里的水饺。

牛肉面、兰州拉面、沙县小吃、红烧肉、麻辣烫……哪一个几千上万家的门店不是火遍全国的大品类?

品牌定位如此,品牌和企业经营也是如此,**任何幻想凭借一个点子、一个风口、一个网红、一个营销就能火的项目都不会持久下去。**踏实用心,一步一步做好企业才是发展的核心。

"通盘无妙手"是一个下棋的术语,也就是说很会下棋的人,往往一整盘棋你是看不到那种神奇的一招或者力挽狂澜的一手的。

韩国有一位围棋选手叫李昌镐,是围棋界的世界级顶尖高手,下围棋的人都知道他。李昌镐16岁就夺得了世界冠军,被认为是当代仅次于吴清源的棋手,巅峰时期横扫中日韩三国棋手,号称"石佛",是围棋界一等一的高手。

李昌镐下棋最大的特点,也是最让对手头疼的手法,就是从不追求"妙手"。

而是每手棋,只求51%的胜率,俗称"半目胜"。

通常,一局棋下来,总共也就200~300手,即使每手棋只有一半多一点儿的胜率，最多只要一百多手，就能稳操胜券。也就是说，只要每一步比对手好一点点，就足够赢了。

李昌镐曾对记者说："我从不追求妙手，也没想过要一举击溃对手。"

世界排名第一的棋手，居然只追求51%的胜率，让很多记者和业内人士都觉得不可思议。

这恰恰是高手的战略，所谓的"妙手"，虽然看起来很酷，赢得很漂亮，但存在一个问题——给对方致命一击的同时，往往也会暴露自己的缺陷，正所谓"大胜之后，必有大败；大明之后，必有大暗"。而且，"妙手"存在不稳定和不可持续性，无法通过刻意练习来形成技能上的积累，一旦"灵感"枯竭，难免手足无措。正如守卫一座城池，只靠"奇兵"是不行的，终归要有深沟、高垒的防护。

而与之相比，"通盘无妙手"看似平淡无奇，但是积胜势于点滴、化危机于无形，最终取得胜利是稳稳当当的，体现的是不同于"妙手"的另一种智慧。

真正的高手是不太会去做这些看起来风光无限的事情的，因为他们懂得"善弈者通盘无妙手"。那些看起来很风光的事情，其实风险很大，失误率高，一次失误后果就很严重。巴菲特的合作伙伴芒格说，如果我知道自己会死在哪儿，那我一辈子不去那里就好了。这类人他们站在全局的高度来看问题，提前防范危险，消除隐患，把威胁化解于无形。

59. 定位有时不能宣传出来

定位和广告语是品牌建设中的两大核心，二者相辅相成，构成因果关系，但绝不代表二者可以混淆。定位是针对品牌发展、根据目标客群制定的战略方针，是企业内部须了解的内容；而广告语，是由内对外的宣传，是给市场和客户受众看的。

现在很多品牌会说自己是某某行业的领导品牌，或者某某行业的领先品牌。

第一个这样讲的人，是牛人。就像第一个把美女比喻成鲜花的人，但第一万个这样讲的人，就很无趣了。现在满大街的领先品牌，大家已经熟视无睹了。

这种宣传只不过是无效，还不至于起负面作用，但是，还有一种类型，会起到负面作用，比如，**有些以低价为商业定位的品牌，尤其是有社交属性、身份属性的品牌，不要公开宣传低价。**

早年间，中央电视台有一个洗发水广告，名字叫"黛丽丝洗发水"。画面上，一个衣着朴实的女孩，一边洗着头发，一边唱着歌："城里的人呀和乡下的人，都一样！女孩的头发呀都漂亮，都——漂亮！"

表面看，好像是说这款洗发水农村人可以用，城市人也可以用。但其实它是针对农村人的，农村人也可以像城市人一样，用上这款洗发水。但是，问题来了，城市人一看这广告：这是乡下人用的，我不要。

而它设定的目标顾客，恰是年轻而又敏感的农村女性，她们怎么想？

"我是乡下人，所以，我要买一款乡下人专用洗发水。有这逻辑吗？我们就不要面子吗？我们为什么不能买城里人用的洗发水？"

这个案例中，广告是想表达城市人、乡下人都一样，好像是两边都兼顾到了，其实是两边都得罪了。厂家的潜台词是我的产品便宜，农村也可以用得起。但这是潜台词，你不能讲出来啊，讲出来就变成台词了，不是潜台词了。

往深处想：所谓乡下人和城市人用的洗发水，有区别吗？对于消费者来讲，农村和城市的区别就是产品价格了。你只需要把价格降低就行了，渠道做好就行了，广告拍得高大上就好了。

比如，郑州有一个餐饮品牌"谷雨春红烧黄河大鲤鱼"，六七百平方米的中餐店,挺适合朋友聚餐的。它很长时间的广告语都是:"实实在在聚餐,不为面子买单。"

但是,中餐,有两个属性:一个是实用属性——吃饭;一个是社交属性。所以中餐吃饭叫"聚餐"。

聚餐是干吗?聚会呗!
聚会是干吗?社交呗!
社交是干吗?抬举人呗!
抬举人是干吗?给面子呗!
现在好了,你不为面子买单?
也就是不给我面子!
那你请我来干吗?
就是看不起哥们呗!

你看,**实惠低价,当然可以是一种商业策略。但是这事你不能说出来。**

所以,奥拓汽车的广告是"人生第一台车";小米最初官方的宣传语是"为发烧而生",这不是便宜,这是"极客精神"。

……

你非要扯着嗓子说实话,说我便宜,我价格低。那顾客就不满意了。

后来,据说谷雨春的广告语变了,变成了"实实在在聚餐,不做表面文章",再后来,还变成过"多人聚餐,就来谷雨春"。

60. 不会讲故事的老板不是好老板

人是理性的，也是感性的。

投资人如此，客户如此，消费者也是如此。

一个能够娓娓道来、跌宕起伏、自圆其说的故事，会让人对你的品牌和个人更感兴趣、更有好感。

许多创业者都曾遇到过一个问题：明明自己的创业公司并不比别人差，为什么别人就能获得投资，而自己却是屡屡失败呢？其中一个很重要的原因是因为他们不懂得兜售自己的故事，不能够吸引投资者的目光，从而失去获得资金的机会。

虽然现今的所有决策都是在大数据的驱动下做出的，并且人们不断重复数字对于投资的重要性。这样看来，这些风险投资人的决策应当都是根据数据从而做出的理性决策，但是事实并非全部如此，**投资行业内就经常出现投资人被创业者的故事说服，最后"感情用事"的情况。**

实际上，任何一件事物的重要性都取决于人们对其的感受。投资人是否对你的公司进行投资，第一印象是十分重要的，倘若第一印象不好，即便数据显示可以投资，投资人也会考虑再三，更加倾向于那些数据好而印象也好的公司。

所以，学会兜售你的故事是获得资金的关键。

除了想要了解你的产品之外，投资者还想知道你是谁，他们想要通过你的为人和经历来了解你的产品、你的团队以及你的公司。而想要让投资者快速了解你的产品，讲一个精彩的故事无疑是最佳的选择，不仅可以加深投资者对你的印象，还可以有效建立起投资者对你的信任。

你也许认为自己并没有什么值得讲述的个人故事，但是事实却并非如此。

每个人都有可以让人心动的故事，即便你这个人非常无趣，你也能从过去的经历之中找到一个让人产生情绪波动的闪光点，而如果你想抓住投资者的目光，你需要做的就是找到这个闪光点，并且对其进行装饰。

为了能让你更加清楚自己应该怎么讲述这个故事，这边给大家带来四个问题：

① **为什么你会创立这样一家公司？**

② **是什么让你对自己从事的事业有着这么大的激情？**

③ 你的公司将如何改变其所处的行业？

④ 你的产品的产生会对客户的生活产生什么样的改变？

一个好的故事，一定是将你的个人经历、你的产品的故事以及你公司的使命和前景结合在一起的一个综合性的、多方面的故事。

可以回想一下，在创业之初，是什么促使你开始创业的？是什么给予你启发的？你所遇到的困难和来之不易的帮助，这些都是你的故事中不可或缺的精彩部分。

好的故事总是能够获得最后的胜利，这是为什么呢？因为人总是习惯于通过故事来了解他人，没有什么话语能够比一个人过往的经历更加具备说服性，你曾经所做过的事情更加能够体现出你个人的品行。

所以当你向投资者介绍你的创业公司的时候，请切记，你所向他们讲述的故事才是最有可能打动投资者的。当你介绍完你的创业公司，投资者可能会忘记绝大多数的数字和简介，但是你所讲述的故事，他们并不会轻易忘记。

如果你现在还没有一个好的、值得关注的故事，不妨回到上文，仔细研究一下那四个问题，设计出一个真实而又令人震撼的故事，在下一次演讲时讲给投资者听。

61. 不要"买"流量

一个企业或是一个品牌，曝光度的获得需要流量。

之前是通过传统广告，如电视、纸质媒体、户外投放、精准定投等等，现在则是互联网、短视频、自媒体、热门APP，无论平台换了多少，归根结底还是"以流量论英雄"。

流量就是金钱。

但是对于初创企业来讲，缺的就是金钱。

所以，不要总想着"买"流量，要琢磨制造流量。

买流量，将会把自身直接扔到烧钱营销的消耗战中，与各大不差钱的营销巨头在流量池中无差别厮杀，这对于身板不过硬的初创团队来讲，无异以卵击石。

很多人在创业的时候总是会抱怨公司没钱，其实这是一句废话，假设公司有很多钱的话，那就不叫创业了，而是接班或者是经营。

既然大家都是没钱才去创业的,那么我们需要比拼的是谁能够用最少的钱办最大的事情。假设我们现在有两个选择,一是花小钱,获得媒体关注,让媒体主动报道,获得1个亿的品牌曝光;二是花200万买流量,获得1个亿的品牌曝光。如果你是创业者,你会选择哪一个?

毫无疑问,我们都会选择第一种。虽然两个方式都是有效的,但是成本的区别却很大。200万对于大公司而言,不过是"毛毛雨"的投入,但是对于初创公司而言,却可能是一笔救命钱。

因此,一家会省钱的公司一定是一个懂得获得媒体关注的公司。能在这个领域做到极致的公司就是特斯拉,它是全球唯一一家没有打过广告的汽车品牌。

特斯拉能在没做广告的情况下,成为全球第一市值的汽车公司,主要有三个原因:

第一,马斯克本人就是一个全球性的网红,经常登上各种媒体的头条。马斯克不仅会接受媒体的采访,出现在各大电视台,还会主动在社交媒体上出击,用各种出格的言论获得媒体的关注。经过媒体的报道,不断扩大马斯克的影响力。由于马斯克本人与特斯拉深度绑定,这也为特斯拉迎来了巨大的曝光。

第二，特斯拉产品的开创性。如果产品本身不好，马斯克再会操纵媒体也是枉然。

第三，"风口"的力量。新能源汽车行业市场空间巨大，也是21世纪最大的机会之一。

我们很难拥有马斯克这种对于媒体的拿捏能力，但是我们至少可以学习马斯克成功的方法，再植入一些中国市场的元素，或许可以为公司迎来巨大的曝光。

我们到底该怎么获得媒体关注呢？以下三种方法，希望可以对大家有所启发：

1. 一定要利用自媒体发声。不管是任何一个公司的创始人，只要想免费获得关注，那么就应该多投入一点儿时间来经营自己的自媒体账号。不仅仅马斯克会这样做，国内的很多大企业家都经营过自己的账号，只不过企业大了之后，就会减少对于自媒体的经营，但是创业之初一定要做，毕竟又不需要花任何钱。

自媒体上获得关注的捷径就是蹭热点，可以针对相关的热点进行个人观点的分享，不过最好是跟自己领域相关的，这样更容易生产内容，也不会让网友感觉不务正业。

当然，在超级大的流量话题面前，偶尔出现"跑题"的情况，也是可以接受的，因为这是非常有利于品牌曝光的。

2. 尽量参加露脸的视频节目。很多创业者被消费者看到是因为在电视上看到了，一般是参加了商业相关的电视节目。如果我们无法参加央视的电视节目，可以考虑先参加地方台节目的录制。

3. 创造新闻。创造新闻对于很多创业者来说有点儿困难，因为不知道该怎么做，其实我们可以多关注一些官方媒体，他们也会转发一些个人的视频。这些视频要么好玩，要么感动，要么是正能量，只要我们能掌握一个方向的内容，就能不断创造出新闻，这样也就会不断被人看到了。

62. 不要盲目签对赌协议

年轻的创业者应该警惕那些"秃鹫"一样的投资者。

本书所说的"对赌",不一定是非要大到那种投资基金级别的。而是创业路上因为资金压力和规模拓展中随时可能遇到的商业投资陷阱。

有很多"对赌"案例都被各大媒体报道过,比如我们熟悉的"俏江南""太子奶""永乐电器"等等,都跟投资人"对赌"过,这是属于融资者和投资人之间的协议,听到"对赌",你就知道一定是要承担风险的了。

什么是对赌呢?我来跟大家举个例子。

小明开了一家火锅店,生意很好,小明想趁热打铁,在其他商圈再开三家分店,但是自己手里的钱不够啊。刚好隔壁老王是个"土豪",听说小明要开店,觉得这事儿一定赚钱,于是要投资他。

小明跟老王商量,让老王先拿出来两百万,占股20%。预计三年后火锅店估值能翻十倍,也就是说,老王能拿回来两千万。

老王不确定这个估值是否合理,怕估高了,两百万占股20%有点儿亏;但又怕压低估值,小明不带他玩儿。

于是就跟小明签订了一份"对赌协议",协议声明,如果三年后没有按小明说的翻到十倍,那小明要把老王投的两百万还回来。

但是如果三年后,火锅店蒸蒸日上,价值翻了十倍不止,那两个人双赢,对赌协议就作废,老王可以选择继续持有股份,也可以把股份转让套现。

其实简单来说,"对赌"就是创业者和投资人在公司估值不确定的情况下,用公司的业绩打个赌,赌什么呢?公司在未来某个时期的估值、利润、关键指标数据都可以。

一般来说,利润是相对而言最难作假的,也最接近投资人的最终目的。

如果创业者赌赢了,对赌双方都受益;如果创业者输了,那就要退还投资人的投资款,或者让出一部分股权比例,也就是说要给投资方补偿相应金额的股权,甚至碰到一些严苛的投资人要赌创业者的个人财产或房产。我们说的"对赌",其实只是单方面的赌局,因为投资人无论输赢,都没有损失。

以当下我国目前涉及对赌协议的数据统计来看，**80% 左右的业绩承诺和对赌都是不能实现的。**也就是说，很多企业老板和创业者都高估了自己的信心，对企业发展做出了错误的、急功近利的、不可挽回的决策。

所以，起步时期的创业者还是不要盲目签署对赌协议。除非，你不热爱你所创立的事业，对赌大部分是泡沫，这意味着你眼下已有的资源无法达到的目标，而你将被迫必须达到——就是如此惨烈。

对赌还意味着你和企业要去做很多不得不做的事情，一旦失去了经营企业最本质的初心，心态毁于一旦，你就无法回头了。

在对赌的协议中，创业者面对投资者就像是面对赌场中的庄家，赢的概率早就被算好了。

63. 不要运营后置

与这个概念息息相关的一项工作是"招商"。

适用于的行业包括但不限于：品牌连锁加盟、商业综合体、文旅项目、餐饮档口美食城等。

对于以上项目来讲，运营后置的同义词几乎就是"招商前置"。

很多项目的老板信奉"招商为王"，对快速销售，快速回笼资金的产品投入大量的人力财力，或者去与商业外包第三方公司合作来操作招商，自己来做后续的商业运营。其结果往往是事倍功半。

相反，"运营前置"往往对招商工作起到十分重要的作用，它包括项目的业态规划、品牌组合分布、物业结构及动线设计、商业场景氛围的塑造、新媒体策划推广、商业业态优化整合、消费行为趋势分析等，这些内容是构成一个项目成功的主要因素。

如果一个项目只是为销售而销售，为招商而招商的话，就断开了招商和运营之间的关联，项目开业后招商团队就撤离，开发商的运营团队缺乏充分的运营规划，会使项目后期面临多次投入成本的规划调整，造成招商难、运营难的循环困境。

为什么要运营前置？

因为运营才能对结果负责，一切以结果为导向，运营最了解一线市场的需求，也了解商户落位的需求，项目要成功就要彻底转变"重前期、轻运营"的观念。商业地产如果缺少了运营规划，尤其是把运营规划放到后面甚至只是虚的概念，会导致招商人员和客户谈的时候出现困境，其中最大的困境，就是控制不住谈判的局面，不能有效打动客户，同时也为项目的失败埋下伏笔。

对于商业项目来讲，运营规划的重要性应该从经营的角度出发。因为对于客户来讲，不是因为你的租金或者加盟费便宜，才考虑合作。

客户投资后，更关心的是场地或者品牌未来的升值空间怎么样、将来的人气该怎么打造、风险怎么控制、运营管理团队的专业性和经验如何、项目的主题 IP 定位是什么、项目的核心竞争力怎么样、差异化优势在哪里、消费者为什么来这里消费、项目给消费者带来什么体验、消费者最后能带走什么等等。

因此，项目未来的运营内容对客户十分重要，他们的目的是需要找到适合的项目从而赚钱。只有运营前置了，招商人员才能说清楚项目的基本情况，才能把项目的未来运营规划讲清楚，才能回答好客户问的问题，只有这样，才能给予客户长期合作经营的信心。

64. 不要加盟短视频爆火的品牌

如何衡量一个开放加盟合作的连锁品牌靠不靠谱?

很简单,到它的公司总部实际走访一下。

如果公司员工多为运营、技术、企划、研发等务实工种的话,大概率没有问题,如果员工多为营销、加盟、地推、宣传等以加盟为主导的工种的话,你就一定要小心了。

不要加盟在短视频平台爆火的品牌,跟上述是一个道理。

爆火的结果背后,一定是有大量的人力和财力在推这个流量,公司的人和钱都花在这上面了,后续的运营服务和跟进维护谁来做?

还有以下几个原因:

第一,你以为很火,实际上并不火。短视频是一个非常容易产生"信息茧房"的地方。这是由短视频的推荐规则决定的。

举个最简单的例子，假设你想要赚钱，而且想要开店，那么你在刷到开店的视频时停留的时间就会很长，遇到小姐姐跳舞的视频，可能会瞬间翻过去。只要你刷个几天短视频，平台就会比你还了解你自己。

平台知道你喜欢开店视频后，就会一直给你推送这一类的视频。特别是当你在某一个品牌停留的时间很长的时候，你会刷到关于这个品牌的所有正面和负面消息。只要你被这个品牌的正面消息洗脑，在你看到负面新闻的时候，你会认为这些负面新闻都是在蹭热度，甚至是恶意抹黑。

换句话说，只要你的内心默认了品牌方的观点，不管多少人说它不好，你都听不进去。这样你加盟的概率就会很高。

别人问你为什么加盟时，你会告诉别人这家品牌超级火，而实际上那只是你以为而已。因为刷到这个品牌的人大多数是喜欢赚钱的，是想要开店的，并不是那些真正喜欢吃的消费者。

第二，短视频的营销更加精准。

当你拍了一条短视频，流量并不好的时候该怎么办？那就是买流量。

现在的短视频平台买流量非常智能，只要你想让谁看到，就能让谁看到，前提是愿意花钱。一般情况下，对于精准的流量推送，25000 个播放量需要 1000 块钱，品牌只需要投资 10000 块钱就能给一些人洗脑，有可能带来 10 个加盟者，一个加盟者费用是 3 万元，那么 10 个加盟者就是 30 万元。

投资 1 万，赚 30 万，如果是你，你干不干？

我不是在为短视频平台做广告，而是在说明短视频的运作规律。实际上，你看到的很多视频有可能都是别人花钱的结果。

第三，都是奔着赚前期费用来的。

很多短视频上的餐饮项目都是成立不到三年的项目，创始人也都是非常年轻的"90 后"，他们本身的创业经验并不多。不过这批创业者对于短视频的理解比较深刻，因此很容易就能利用短视频的逻辑来"收割韭菜"。

这些人其实有一个圈子，每天都在研究怎么赚快钱，根本就不会研究怎么提高店铺的运营效率。如果你加盟失败了，他们可以赚一笔包括加盟费、设备、培训费用在内的前期费用；如果你开店赚钱了，他们则会拿你当成一个成功案例，用力宣传。

当然，这批人之所以可以在短视频上疯狂"割韭菜"，最主要的原因是短视频用户的基数太大，有些人不具备底层思考的能力，非常容易被人煽动或者洗脑，最终可能出现投资几十万血本无归的现象。

反过来讲，如果我们想要通过短视频做大做强自己的品牌，还是有很大机会的。不过我希望所有人都可以踏踏实实做实品牌，不要总想着"割韭菜"。只要你能带领着几百上千个创业者一起奔小康，每年赚几十万，这就是最大的成功。

65. 不要进入百货商场

商业市场竞争的残酷之处在于,不仅要时刻面临着外部环境的考验,消费者的消费习惯也在不断地迭代、升级。如果商业实体自身不改变,则只能被淘汰。

"一层是黄金珠宝、手机数码和化妆品,二楼是男女服饰,三楼是儿童和运动,四楼是餐饮和影院,负一层是超市……"

这种传统百货式的商业布局,已很难满足现在年轻群体的消费变化了。

更残酷的是,如今我国一、二线城市的商业体规模,已进入存量时代。商业综合体高速增长至饱和状态,存量下的商场间竞争将日益残酷,尤其是同处于一个商业业态的饱和商圈,传统老牌的百货商场模式更容易被淘汰掉。

先给大家提供一个数据:

2014至2022年间,在全球建购物中心面积最大的20个城市中,中国城市占据了13席。截至目前,全中国已拥有近 4000 家购物中心，数量位居世界第一，而且，购物中心的建设热潮远未结束，最关键的一个数据是：很多城市零售物业空置率超过 6% 的警戒线。

还有，从现在到 2025 年，中国还会有 7000 家购物中心建成开业，届时中国内地的购物中心将超过 1 万家。这个数据来自中国购物中心产业咨询中心。这意味着，这十年内在建的购物中心是目前已有数量的两倍多。

这样的数字意味着什么？

那就是——中国的购物中心已经趋于饱和。

这两年，购物中心在中国各地都以惊人的速度发展，开发的速度远远超过实际需要量。目前，在中国经济最发达的一线城市反映购物中心饱和度的指标——空置率已经接近 10%，二、三线城市也开始变得危险，相邻很近的地方会出现两三个购物中心。

饱和，直接导致的现象是：客群就那么多，带来购物中心之间的过度竞争，人流量稀少，各家都吃不饱饭。

前几年，购物中心还是香饽饽，每个城市就那么几家，整个城市的人都进去逛街、购物、休闲、消费，带来购物中心的繁荣。同样，餐饮开在里面，也跟着吃香，巨大的人流量让更多的餐饮享受着购物中心带来的红利。

然而,随着购物中心大量的兴起,高密度、超需量的兴建,让更多的购物中心自身难保,人流量严重被稀释,再难以出现前几年的繁荣。

随之,购物中心数量饱和后,商场招商人员与商家之间的关系也发生了逆转。之前,包括做餐饮在内的商家都求着商场,看看有没有空下来的铺位可以补位,现在倒过来了,商场追着商家入驻,新开业的购物中心则为了招商大肆撒钱,免租金或者补贴装修等促销活动屡见不鲜。

从整个市场需求量来看,皮之不存,毛将焉附,因购物中心饱和导致人流量稀少,包括餐饮在内的商家,都跟着难以为继,这也是必然。

66. 不要只出技术不出钱

合伙人创业，技术合伙人也应该出钱。

这话不仅是站在合伙人的出资方，也是站在合伙人的技术方说的。合伙人创业，既出技术也出钱，是一个多赢的选择。

如果你问我在创业初期，什么最可遇不可求，那么我想一个技术大牛一定是我的不二选择。因为如果你的创业项目之中没有一个懂技术的人，那么你的创业项目就无法开始。所以，我说在创业初期，如果你能够遇见一位技术大牛来与你合作，那么这简直是一件再好不过的事情了。

但是，如果你真的碰见了这么一个靠谱的技术合伙人，这其中包含了一个很关键的问题，那就是你的技术合伙人只愿意出技术，而不愿意出钱。这一点你想好处理的方法了吗？

在分析这个问题之前，我们先对技术入股这事儿做出一些解释，好让你对技术入股有一个初步的了解。

技术入股可以简单分为两种，一种是研究开发中的技术入股，另一种是技术转让中的技术入股。

顾名思义，研究开发中的技术入股就是卖方凭借他的治理和研究、开发项目作为股份来对企业进行技术投资，联合研制、开发新产品；而技术转让中的技术入股则是卖方将自己已经掌握的现成技术成果折合成股份，对企业进行投资。

在搞清楚这两个基本概念之后，我们来谈一谈关于技术合伙人到底应不应该出钱这个问题。

我们不难发现，无论是上面的哪一种技术入股都将"技术"当成了一种无形的资产，所以技术合伙人对企业进行技术入股也就具备了一定的合理性。

因为他所持有的技术不仅仅是你的创业公司所需要的必备技术，没有这一技术就难以开展生产活动，而且他的技术虽然是无形的，但是也是具有价值的，所以技术合伙人才能够有底气进行技术入股。

现实中，也有许多技术合伙人只出技术不出钱，但是我认为这些技术合伙人做出了一个错误的决定，**他们的利益立足于当下，并没有考虑到自己的长远利益。**

如果这个技术合伙人足够具备商业头脑，并且具备长远的发展眼光，那么他就会懂得让自己规避技术风险。

前文中咱们已经说过一个场景，就是对于出资的创业者来说，他的技术合伙人如果只出技术不出钱的话，他就会承担更大的风险。

如果一个技术合伙人只出技术不出钱，可能在公司发展初期，他是公司的香饽饽，公司的运营发展都离不开他，但是在创业公司步入正轨之后，他很有可能会被一脚踢开。

因为这个时候，这一位**技术合伙人的核心价值已经消失了，公司已经掌握了他的核心技术，那么他对公司来说已经失去了价值，就会被逐步边缘化。**

所以，一位明智的技术合伙人一定是既出技术又出钱的，这样的行为是利人又利己的：技术合伙人既出技术又出钱，一方面可以表达出自己合作的诚意，表明自己愿意与其他合伙人共同承担创业风险，这样可以博得其他合伙人的好感。另一方面，这位技术合伙人也可以参与到公司的运营之中去，而不是一心都在技术上，自己的权力都被其他的合伙人架空，这样一来即便自己的核心技术已经被公司所掌握，自己在公司还能拥有一定的话语权。

所以，技术合伙人既出技术又出钱才是合理且正确的，首先这可以促进其与出资的创业者达成一致条件从而快速开展创业活动，其次也可以保证自己在公司壮大之后的话语权与地位。

67. 不要做"拉人头"的生意

任何涉及"拉人头"（入门费、分享、佣金、层级等）的生意，大部分都是早前传销的手段，而大部分传销的底层逻辑则是"庞氏骗局"。

其逻辑是用"后加入者"的"人头费"给"先加入者"返利，"韭菜"割完了立即崩盘，庄家跑路。这就导致"拉人头"的永远有两波人：一波是"赌徒"，"赌徒"赶在项目崩盘以前尽可能忽悠更多"小白"入局拿到更多返利，这些人靠骗人为生；一波是"小白"，大多涉世未深，不明真相，稀里糊涂被忽悠进去，几年间积攒的财富化为乌有。

数字经济时代，用户是各类平台发展的基础。只有不断挖掘新的用户，才能更好推动产品、服务或者基于使用场景的迭代和创新。

然而，如果平台盈利靠的不是实际商品或服务，而是单单以承诺高额返利为噱头，再加上"拉人头"的方式，使得老用户、新用户之间构成上下层级，人头数与用户获利挂钩等情形，部分模式与传销的构成要件相似，很有可能就是"传销陷阱"。

相比线下传销，披着互联网外衣、打着"分享经济"旗号的线上传销，模式更多、隐蔽性更强，涉及的人数、金额也往往呈指数级增长，危害明显。

比如前两年市场上特别流行的"公益纸巾机"项目，就是一个隐藏得很深的"拉人头"式传销项目：

涉嫌传销的共享纸巾项目在朋友圈突然蹿红，并非偶然。楚河汉界、星罗棋布、大小代理统统都是幕后玩家手中的棋子，"赌徒"们尔虞我诈，"小白"们当局者迷。其之所以火爆，原因有三。

一是，给代理商设计了一个看上去无比美好的躺赚模式：大多数的公益纸巾机项目广告宣传说法是，1300元买一台"公益纸巾机"，摆在人流量大的地方，用户每次扫码领取纸巾，商家奖励0.3元。每天1000人领取纸巾，净赚300元，每月全自动躺赚10000元。纸巾进货款在代理商送出纸巾后退还。

二是，买机器躺赚，卖机器还能赚机器差价与纸巾分润：代理分10个级别，机器层层分润，下级代理送出去的纸巾，上级代理也有精确到毫厘的分成，且永久绑定上下级关系，既是躺赚也是代理"拉人头"的动力所在。

三是，包装成"公益项目"，让"拉人头"变得理所应当：代理商每送出1包纸巾，商家号称捐1分做慈善，"公益噱头"让大家有了"拉人头"的正当理由。

综上所述，"共享经济热点＋躺赚模式＋公益噱头"，所以火了。那么，问题随之而来：

第一，由上至下形成10个甚至更多层级，永久绑定上下级关系，并根据团队收入计算酬劳，该分销模式算不算传销？

第二，铺设公益纸巾机，真能每月躺赚万元？

第一个问题，根据我国《禁止传销条例》规定，完全符合非法传销认定标准，证据确凿。第二个问题，算账即可。

首先，相信"每天能送出1000包纸巾"的朋友，请原谅我的坦率，你们都是"小白"，不要骗自己了，承认吧。算笔账，商场每天营业10小时，10小时送1000包纸巾，1小时送100包，意味着每1.66666667分钟送出1包纸巾。除非全城老百姓集体拉屎忘带纸，否则不可能出现"每天全天候排队扫码领纸巾"的"盛况"，如果有，请举例。

非但平均每天送出1000包纸巾是痴人说梦，送100

包也难于登天,100 包 /10 小时 =10 包 /1 小时,就是每 6 分钟送出 1 包纸巾,动动脑子,可能吗?再说了,铺设备场地不分润吗?

其次,实际上,幕后商家真正来钱的地方有两个。第一个盈利点是卖纸巾机赚钱。60 包容量共享纸巾机,根据进货数量,进货价 350 ~ 460 元不等。而该项目的销售政策里,拿货价远高于机器进货价,所以商家先从大小代理身上赚一笔机器差价。第二个盈利点是,铺设共享纸巾机"吸粉""卖粉"。据了解,目前自媒体收购共享纸巾机扫码用户的市场价格是 1 元 / 个,用户扫码免费领 1 包纸巾即自动关注 1 次公众号,新增 1 个粉丝,价值 1 元,商家奖励 0.3 元 / 个,转手 1 元 / 个卖掉……赚完机器差价,再赚代理辛苦铺设机器带来的"粉丝"差价。

看完,相信你就会觉得代理被商家卖了,还帮他们数钱,完全是智力碾压。而且,由于代理拿货先款后货,商家见款下单,这样一来,商家不掏一毛钱,用代理的货款完成了全国共享纸巾机的铺设布局,可谓机关算尽,"无本万利"。

所以,人间正道是沧桑。对这种好逸恶劳、投机取巧、损人利己的"拉人头"生意,创业者要擦亮双眼。

68. 不要做纯外卖店

"投资小,成本低,几万块就能开一家属于自己的小店!"

"不用堂食,没有重资产,只需要专做线上就行,简单!"

"月入两三万不是梦,哪怕月入四五万也不是问题。"

以前,人们谈到纯外卖店,基本都以欣喜为主,因为相比堂食餐馆需要好地段带来的高房租以及各种装修、服务员的成本,纯外卖店门槛非常低。

只需要有一个线下厨房就能直接开业的纯外卖店,简直就是无数餐饮人心中的餐饮暴富捷径。然而,纯外卖店真的有这么好做吗?随着各种纯外卖店品牌的相继倒闭,人们这才发现,这个表面看起来的暴富捷径,根本没有自己想象的那么容易赚钱。市面上甚至有了"纯外卖必死""纯外卖店做不过两年"的论调。

纯外卖店为什么突然"不香"了呢?

纯外卖店,其实是一门纯粹的流量生意。

堂食餐饮，只要地段选得好，产品口碑好，店面装修服务不差，就能自带稳固的流量，同时还可兼顾线上外卖端口。

而纯外卖店则因为没有了线下就餐的场景，**所以选址、团队管理、服务、环境这些因素都极度弱化，是一门单纯靠平台获取流量的生意。**因为大家相互之间没有了太大的地理位置的差异性，这时候影响流量的核心因素就是平台排名。

因为吸引新客流量模式的不同，决定了堂食和外卖店运营方式的不同。做堂食店关键在于找好位置，找到一个好位置的门店等于成功了一半。外卖店铺则因为没有固定的昭示店铺，只能通过线上运营，买流量、做排名，甚至不断地刷单、亏本冲单、保本冲单、不计成本地砸钱推广等手段，来让自己的门店得到更多的流量曝光。

在各大外卖平台佣金不高，且不断补贴时，这种流量的获取方式曾是很多纯外卖店品牌暴富的关键。但随着平台的补贴消失，以及各种广告推广价格的升高及高抽佣比例，用钱买流量已经让越来越多纯外卖店不堪重负。

有流量，没存量，不能自身造血。纯外卖店只能通过不断地拉新流量来维持自己的生存。于是有餐饮创业者表示："外卖的模型是流量或者互联网电商销售模式，成本结构与传统堂食有很大不同。在目前平台'垄断'的情况下，很容易被平台绑架。"

有流量补贴的时候，这种情况对纯外卖店的影响并不大。**一旦流量补贴没有了，纯外卖店的所有弊端便显现了出来。**

因为难以形成复购，只能持续拉新。又难以形成品牌信任，除了不断地打低价折扣优惠，纯外卖店很难用其他手段去获取新流量。而持续的低价拉新政策，给整个纯外卖市场造成了很大的成本压力，有的甚至已经高出了堂食门店的租金以及服务等成本。

同时，纯外卖店因为没有线下实体店的触达、体验与背书，相对而言，很难建立长久的消费者关联。没有顾客黏性存在，自然就没有老顾客的流量，更谈不上什么品牌忠诚度。**最后的结果是流量没有沉淀，品牌也没有沉淀，顾客更没有沉淀下来。**

外卖平台相关人士曾对媒体回应，纯外卖商家的存活率不足40%，实际情况只会比这个数字更悲观。

曾经，电商兴起的时候，大家都认为线上购物会成为未来的主要方式，实体店必定会消亡。然而，随着电商的发展，人们却发现，线上购物终究还是缺少了线下购物的体验感。

纯外卖店也一样,在流量红利还未稀释的时代,高流量遮掩了纯外卖店的一切弊端,让它看起来既暴利又简单;一旦流量红利到头,纯外卖店的弊端就显现了出来。

69. 不要做明星品牌

近年来，明星入股兼代言的品牌遭遇"滑铁卢"，以餐饮品牌连锁为例，因为自身携带巨额流量，不少明星与公众知名人物下场涉局吆喝，如某某火锅、某某小面等等，最后基本都落得一地鸡毛的下场。

2023年6月，有媒体透露消息称，由陈赫创立的川渝火锅品牌"贤合庄"在北京的门店已全部关闭；而在此之后，餐饮O2O搜索相关网站发现，贤合庄在广州、上海、成都等相关门店也已关闭，仅剩深圳还有1家门店正常营业。

而另一平台的数据显示，贤合庄目前门店仅剩230家。也就是说，相对高峰时期的800多家门店，品牌关店率已超70%。且一线城市只剩了1家，新一线城市也只有21家，门店基本集中在东莞、惠州、兰州、合肥等二、三、四线城市。

那么，明星品牌餐饮究竟为何难逃"短命魔咒"？

（1）互联网之下流量的"不可持久"

就餐饮而言，明星效应的确可以吸引来巨额的流量，但在当下这个互联网时代，每时每刻都有人成名，正如波普艺术家沃霍尔所言，每个人都能成名 15 分钟。

这种热度维系的时间并不长。即便是明星网红，也无法时刻保持火爆热度。一旦过了热度期，"粉丝"们的注意力就会转到新话题上。

即便是有网红热度的维持也很难继续。曾经营造的火爆销售现象，最后只会成为过眼烟云。这也是为什么网红品牌快速跌落神坛的原因。

任何依赖流量爆红的品牌，最终都可能因流量消失而败落。

（2）疯狂加盟扩张，管理却跟不上

当然，明星餐饮品牌的败落最大原因并不是流量，而是失控的扩张。

还是以贤合庄为例。自 2019 年火爆之后，贤合庄就迅速走上了疯狂扩张的道路，仅 2 年就从几家门店快速扩张到 800 家门店，相当于一天扩张一家店。据悉，仅 2020 年，

贤合庄就开 544 家门店，当时还处于疫情期间。

而且，这种疯狂加盟扩张是无序而管理混乱的。

据相关加盟商透露，刚开始广州只有几家门店时，他加盟了贤合庄，当时生意并不坏，但随后品牌为了扩张一下子开放了太多加盟店，彻底稀释了品牌效应，导致其加盟门店最后不得不倒闭。

这种管理混乱还体现在多个层面，比如食品安全问题等频发。

据相关媒体透露，在某投诉平台搜索"贤合庄"，有 170 多条投诉信息，内容包括撤店退费、食品安全问题、服务恶劣等方面。2021 年还出现顾客被门店吊顶砸伤事件。

（3）高昂成本下的流量反噬

明星餐饮因为头顶"明星光环"，高加盟费几乎成了惯例。

以贤合庄为例，据相关加盟商透露，加盟贤合庄仅加盟费一项就要 8 万元至 55 万元，而且使用年限仅 3 年，到期再续还需要加费。同时，加盟商店内的食材及桌椅建材等，也都需要从总部统一订购，加盟费较高的加起来已差不多

100万元左右。

餐饮本身就不是一个轻松赚钱的行当，特别是在竞争白热化的火锅赛道，如此高额的开店成本对任何餐饮创业者而言都是一个巨大挑战。

正因为如此，后续才会发生诸如加盟商400万投资换来500万亏损、加盟商集体维权、陈赫退股贤合庄等各种事件，这些事情在明星效应的流量叠加之下，最终反噬贤合庄品牌，最终成了推倒整个品牌的最重要推手。

但追根究底，明星餐饮核心依然是餐饮，而不是明星，明星只是明星餐饮营销的一个优势流量噱头，餐饮品牌要真正经营好，终究还是要回归餐饮的本质，比如产品、管理、服务等，只有这样才能在当下内卷化的餐饮赛道有一搏之力。

而且，流量本身也是一把双刃剑，在自身品牌自身盈利模式、经营管理、产品研发与供应链等都没有培育成熟的情况之下，只凭流量的一时热度就"割韭菜"般大肆加盟扩张，不管是对加盟商还是对品牌而言，风险都非常大。

70. 合伙创业避开这三类人

一切问题，归根结底，都是"人"的问题。

为什么合伙的企业大多都失败了？

因为很多人在合伙的时候都只是考虑短期内能否利用到对方的资源和价值，却没有认真想过对方是否是一个长期的、合适的事业合作者。 合伙的难度不亚于谈对象的难度，如果当时只是头脑发热就在一起合伙了，之后一定会因为某种原因再散伙。

如果我们选择合伙人跟选择婚姻伴侣一样，相对谨慎一点儿，我们可能就会避免掉之后的很多麻烦。

那么问题来了，什么样的人千万不能当合伙人呢？

第一，彼此之间没有信任的人。 两个彼此不信任的人根本也没有办法在一起合伙，因为你怀疑对方可能中饱私囊，对方也会认为你这样，这会大大降低彼此之间合作的深度，最终猜疑会导致企业的大溃败。

常有创业者对意向合伙人的某项特点提出质疑，如某项人品问题、性格缺陷问题、专业程度问题、资源接洽度问题等等。

针对这些有质疑的，我个人建议是不要合伙，因为通过这个创业者的描述就知道，他对于这个人并不是完全信任，他只是看上了这个人的某个资源而已。

反过来，假如对方对我们并不是特别信任，那么也没有合作的必要，因为信任必须是双向的，如果对方对我们不太信任，也经常会因为一些事情爆发矛盾。

信任这种东西很神奇，并不是说两个人很熟悉就更信任，两个人不熟悉就一点儿也不信任。合伙人之间能不能更加信任，前期主要通过共同经历的事情来做分析，后期则取决于公司的规章制度以及彼此的行为。

第二，缺乏毅力的人。创业并不是一蹴而就的事情，很多团队在刚开始创业的时候，信心高涨，激情满满。但是在经过一段时间之后，公司在发展上不见效果，内心就开始动摇了，总想着不如各回各家，各找各妈。

什么样的人是缺乏毅力的呢？主要可以从以下几个方面考虑：

是否有坚持 5 年以上的好习惯，例如：健身、看书、创业等。不管一个人是看书还是健身能够连续坚持 5 年以上，那么这个人一定是一个有毅力的人，他是一个能够控制住自己行为的人，在创业中是比较有帮助的。

是否具有较大的生活压力？**如果一个人生活压力很大，不管他有多么强的赚钱欲望，都不太适合成为合伙人**，最多可以成为员工。因为合伙人可以接受公司长期没有利润产生。如果一个人上有老，下有小，每个月都有一笔不小的费用支出，自己家里又没有多少存款，那么真的坚持不了太长时间。

第三，不会延迟满足的人。公司想要做大做强，最理想的状态下就是公司将每年产出的利润再投入进去，然后公司越做越大，最终成为行业的龙头老大。这是最理想的状况，可是假设公司的合伙人是一个喜欢即时享受、不懂延迟满足的人，那么公司就会比较麻烦。因为公司在有利润的时候，你会主张将利润再投入进去，但是合伙人却会建议把利润分掉，这是合伙人最容易闹翻的地方。

一家公司在快速发展的过程中，如果过早把利润分掉，那么可能会导致公司被其他公司超越，最终沦落为普通公司，甚至是被竞争对手打败。

因此，一个优秀的创业者和优秀的合伙人都是一个值得信赖、有毅力且懂得延迟满足的人。

71. 广告不要只做"显意识"

近些年，显意识特征明显的直白广告以口号式的形式充斥在各类场所和媒体上，"想××，就用×××"的苍白句式不厌其烦地刻意重复着，到最后，消费者左耳朵进，右耳朵出，广告变成了天空中飞过去的鸟，没有留下一点儿痕迹。

传统的广告思维，追求的是抢夺用户注意力。比如要抢占 APP 的开屏位置，因为开屏广告的视觉冲击力够强。比如，当年有些投放电视广告的客户，为了能抢夺观众的注意力，会刻意调大广告片的声量。

但随着脑科学的进步，我们渐渐明白：这种比谁嗓门大的方法，不一定是最高效的方法，至少不是唯一的方法。人类的很多认知和行为，常常是在我们意识不到的时候改变的。**比起攻破大脑里的防火墙，潜入防火墙也是一种方法。**

那么，如何利用"潜意识"做广告营销？

很多影响行为的方式，是不被人察觉的。

威尔·史密斯主演过一部电影，叫《焦点》，里面有个很经典的桥段：

在一场橄榄球比赛中，史密斯跟一个"赌神"对赌，输光所有钱后，他决定最后玩一把"大的"。

史密斯让"赌神"随机写下一个球衣号码，然后让自己的女友盲猜，如果女友猜对了就把钱赢回来。要知道，"赌神"跟史密斯的女友并不认识，猜中的概率约等于"0"啊。结果，"赌神"写下的球衣数字是55，而女友猜的数字恰好是"55"！

其实，这个结果并非源于好运气，而是史密斯从一开始就"操控"了"赌神"的意识。他暗中调查了那个人的行踪，在他必经的电梯间、大堂，球场外，安插了很多个"55"。

一路上，"赌神"看到的日历、路牌、广告、球衣，全都是数字"55"。这个数字就这样被植入了他的潜意识，而那个人根本没有察觉到自己的意识被"操控"了。

人的很多行为是被大脑里的潜意识支配的。所谓潜意识，就是大脑自行运转，我们察觉不到的思维活动。不要以为电影是虚构的，现实生活中"潜意识支配行为"的事情其实经常发生。

这个电影桥段带给我的启发是，**当我们想影响一个人时，不要以为"信号"越强，对方受到的影响越大。**

想一想为啥你妈天天和你爸吼"记得关洗手间的灯"，但你爸每次都记不住。想清楚这件事，你就明白为什么你花了那么多钱，做了那么多惊天动地的广告，依然没什么用了。

心理学家巴克曾经做过一个实验：他让家庭主妇们试用不同颜色的洗衣粉，当洗衣粉颗粒是红色时，大家觉得用起来烧手、会让手变粗糙；把颗粒换成黄色时，大家又抱怨衣服洗不干净。可当洗衣粉的颜色从黄色换成蓝色时，大家都说它洗得最干净。

实际上，这些洗衣粉都是一样的，所谓颜色带来的效果差异，不过是人们的主观联想罢了。

洗衣粉实验告诉我们：**人的大脑是一个关联机器，会下意识地给不同的事物赋予意义和联系。而且，很多联想是人类共有的。**

所以，当一个品牌想传达某种信息时，完全可以利用人类这种共有的联想来做广告。这种广告的特点是可以击碎消费者的心理防备，把用户的注意力悄悄引向你希望他们关注的地方。这就是我所说的"潜入防火墙的广告"。

而且，这种联想特别适合品牌去传递一些语言很难传递明白的信息。

做好"潜意识"营销，我们要读懂人类大脑的联想机制，既要学会利用颜色、声音等意象的信息传递死板的语言概念，也要学会借助语言扭转用户的感官认知，甚至可以将"下意识的联想"转化成产品。

记住，**如果能进入用户"潜意识"，让他主动接受你，就不要试图用重复的、刻意的、低级别的"显意识"说服他。**

72. 常见的门店选址陷阱

实体店经营，门店的位置、面积、格局、周边的商业业态、客群年龄层和职业划分、收入等众多因素，构成了实体店选址是否成功的关键点，也决定着门店能否最终盈利。

通常来讲，门店选址一般遵循以下几点原则：

（1）客流靠右原则

人们在走路时都习惯靠右，因此开店尽可能选择大量客流移动方向右侧的商铺，这样才能获得更多的客流量。

（2）扎堆原则

周边没有任何同行业同品类的门店，或者没有竞争对手，你认为这是好位置，其实不然。同类店铺多的地方，更能聚集目标客群，带来的消费机会也就更多。

（3）截流原则

如果要在一条比较长的美食街上选址，那么要尽可能靠近客流移动方向的上游，因为中间会有各种各样的店铺截留顾客，导致越往后走客流量越少。当然开在最前面的位置也不一定好，因为人们一般习惯往里走走，看看再做选择，因此选择一条街中段靠前的位置是比较理想的。

（4）汇集原则

如果周边有很多条街道，最后交汇在一个点上，那么这个位置就会聚集大量的人群，在此处选址开店，也会有着不错的流量。

（5）醒目原则

一般顾客没有耐心看完周边所有的店铺再去选择，因此越早被顾客注意，越容易被选择。如果没有选到更好的位置，那你可以争取拿下周边比较好的广告位，通过大幅广告及时地向顾客推荐自己。

那么，门店选址过程中，需要避开的选址陷阱有哪些呢？

车流不等于人流。如果门前道路上的车车速超过 50 公里 / 小时，这里的店铺不要选，因为车辆不停、呼啸而过的地方存不住人流。

人流不等于客流。门前三米内经过的人流，才是真正能变现的客流。且需要注意的一点是，所在城市旅游景点中与旅游步行街上的游客类客流很难变现。

门头过窄、进深特别长的店铺尽量不要选。 因为展示面太小，容易被忽略。最好选择门头宽的店面，招牌越大，展示效果越好。

不要开荒。 新小区从第一期交房到后续住满，至少需要两三年时间，如果你选择第一批商铺进驻，当个开荒者，那至少要交着房租等三年，想想自己的经济实力能撑到居民住满的那天吗？

大城市开小店，小城市开大店。 大城市的人爱"里子"，小而美、性价比更高的餐厅越来越受欢迎；小城市的人爱"面子"，大餐厅、大排面才能满足他们的需求。

金角银边垃圾腰，死角店铺不能要。 "死角"是指一般消费群体不会必然经过或者留意的区域，处于这个区域的商铺自然客流非常差。同时，断头路和死路周边的商铺同样也不能选择。

天桥隔挡与车道处不要选择。 门前最好是平的街面，店前有梯要减分，靠近天桥的商铺生意一般不好做。特别是门口有快速车道的，阻挡行人。

旺街不等于旺铺。 客运站等交通枢纽的人流量足够大，但是停留消费的意愿低下。而一条人气很旺的街，往往租金水平都很高，加大经营者的经营压力的同时，也并不能保证生意一定兴旺。这个要根据自己的经营内容来实际考察，往往旺街的生意具有明显的时效特征，业态是否匹配很关键。

高租金、低转让费的要慎重。 有一类商铺租金高，但是转让费很低，甚至存在没有转让费的情况，这样的商铺说明房东心理预期过高，或者前租户经营困难，如果没有开店经营经验和必然的把握，谨慎考虑。

异形店铺谨慎选。 异形店铺不利于经营，无效面积多，但是租金还是要照收的，特别忌讳三角形店铺。

除了以上几点之外，选址前还要着重考察一下意向店铺的前世与今生，这里不得不说一个商业套路——"虚假繁荣"。有些人会在兑店之前制造虚假繁荣，通过赔钱促销或雇人排队等行为来营造客满呈盈的假象，从而达到抬高租金和转让费的目的。

73. 不要依赖商业数据

胡适在《新青年》发表的文章《实验主义》中提到了一句话:"历史是个任人打扮的小姑娘。"

这句话里,把"历史"替换为"数据"同样适用。

再积极的市场中,都会归纳出消极的数据,同样,再糟糕的局面,也能分析出积极的数据。同比还是环比?人均还是平均?区间还是整体?数量还是体量?数据的字眼陷阱太多了,**企业创业和商业运营是综合所有的条件去下场感知市场,而不是拿着这些有欺骗性的碎片化信息去纸上谈兵。**

很多人都在神化数据分析,遇到任何问题不管三七二十一,都要拿出数据来分析一通。其实,这是过度追求数据分析的表现,数据往往不一定就是真实客观的,做数据分析的人也会被数据欺骗,所以很多时候太过迷信数据,反而容易出问题。

数据来源偏差、数据解读陷阱、人为操控误导这三方面来都会带来数据的"坑",创业者和投资者们再看报告或数据时多个心眼,带着怀疑的精神看数据,不要掉入陷阱。

你可能听说过"黑巧克力能减肥"这个说法。2015年约翰波哈诺博士在一本期刊上登出了这项研究成果，媒体记者们纷纷转载。

但其实这个事件都是波哈诺杜撰出来的，他随便找了16个人做样本基数，然后就推导出这么个结论，目的就是想看看谣言是怎么变成权威媒体的头条的。研究发表后没有一个记者来联系他问他这个实验的样本量是多少、代表性怎么样、过程是否合理，直接就发表和引用了"研究成果"。

所以，**样本量和代表性是决定数据结果靠不靠谱的前提条件。**

"大厂"们虽然看起来有"大"数据，但是由于数据孤岛的存在，其实数据也是有偏向的。比如阿里固然有淘宝几亿用户的消费数据，但是也拿不到这几亿用户的微信数据。而且大数据基本都是行为数据，和真实态度、心理预期等态度数据还有差别，再有就是用相关性推测因果也有不少问题。

作为非专业人士的我们，其实看报告或者看数据时主要还是留个心眼。看看有没有提到数据源，数据源可能带来哪种偏差，带着思考去看报告。

还有一个特别有名的数据误读，你可能也听说过，就是大名鼎鼎的**幸存者偏差**。

幸存者偏差是怎么来的呢？

二战期间，美军计划在飞机上安装厚钢板来抵抗攻击，提升飞行员生存率。但是因为重量限制，只能给最关键的部位安装。他们仔细检查了所有返航回来的飞机机身上的弹孔分布，发现大部分都位于机翼和飞机尾部。于是大家就热火朝天准备给机翼加钢板。

但是这时候，数学家瓦尔德就站出来反对，他说要加强那些没弹孔的位置，比如发动机和驾驶舱。

原因很简单，因为这两个位置受到伤害的战机和飞行员连返航的机会都没有了。

总而言之，数据也只是数据，它来帮助我们理解复杂世界中的庞大信息，但是它不是万能的，它是来帮我们解释，而不是替我们思考的，所以"尽信数据，还不如无数据"。

74. 注册资本不要过高

2014年，为了激活市场活力，放宽开设公司的条件，我国对《公司法》进行了修改，企业的注册资本由认缴制代替了实缴制。然而，很多法人和股东为了向客户和市场展示实力，在公司设立时喜欢认缴设定一个高额的注册资本，如5000万、1亿，大家认为反正是认缴，不用实际掏出那么多。实际上，这会承担极大的风险，为企业后续发展埋下隐患。

先来给大家做个名词解释：

注册资本：是营业执照上的显示数额。它是对公司而言的。注册资本是法律上股东承担有限责任的承诺，当公司资产不足以清偿公司债务时，股东有义务按照承诺的注册资本承担剩余债务。如果你写1亿的注册资本那就意味着要承担1亿限额内的责任。

认缴资本：是股东对公司承担的负债。所有股东认缴的资本就等于公司营业执照上的认缴资本。比如：一家注册资本为100万的有限责任公司，A占60%股权，所以需要出资60万。后来公司经营不善，欠了1000万的外债。那么A最多只需用他60万的出资额来承担责任，超出的部分就和他没关系了。但如果这家公司的注册资本是 1000 万，A 依旧占 60% 的股权，那么 A 就要承担 600 万的责任了。

实缴资本： 就是股东实际缴纳到公司里的那部分资金。

各股东认缴的资本总和一般是等于注册资本的。实缴资本一般是小于或等于公司的认缴资本、注册资本的。

那么，认缴资本过高会给公司和企业带来哪些风险呢？

（1）无法缴足资本

若注册资本过高，例如 1 亿，如果公司是两个股东，在认缴期内对方可以缴足，而你无法缴足，这个时候你的股份可能会被稀释，会影响到分红。

（2）个人财产和公司债务无法分割

认缴资本是公司股东对公司的负债。当公司和第三方发生法律纠纷，如果你的注册资本是 1000 万，实缴只有 100 万，还有 900 万没缴。如果摊上债务官司，公司还有 900 万的注册资本没有缴足，（如果企业的资产无法偿还对方的 900 万）作为赢了官司的一方，可以要求公司的股东个人把剩余的 900 万认缴资本补足来偿还。

如果你注册的公司注册资本是 100 万，实缴也是 100 万，第三方打官司赢了，这种情况下，这 900 万就不是个人的债务了，是公司的债务，企业就真正地成了有限责任。最多公司会有一些法人会有"限高"的风险，但是个人的财产跟公司的财产就没有关系了。

（3）涉税风险问题

印花税：若是公司成立的时候注册资本是认缴的，写得比较高，虽然没有实缴，按照规定资本的印花税是按照"实收资本和资本公积"来计算，但是有时当地税务局会要求你按照注册资本缴纳印花税。而且自然人股东转让股权时，税务局可能还会按照认缴金额，要求双方缴纳两份股权转让印花税。

个人所得税：在公司股权转让时，由于是认缴，没有实缴，很可能被税务局认定股权转让收入明显偏低，引发个税的风险。

企业所得税：注册资本没有实缴的部分，所对应的企业等额对外借款所发生的利息，不能在所得税前扣除。

（4）被罚款

《公司法》里明确规定，公司的发起人、股东虚假出资，未交付或者未按期交付作为出资的货币或者非货币财产的，由公司登记机关责令改正，处以虚假出资金额百分之五以上、百分之十五以下的罚款。

（5）投资者无法进入公司

企业发展到一定阶段时，可能需要融资。若注册资本金你认缴的是1000万，实缴100万，900万未缴。如果有投资者愿意以1000万投资，会有好几种情况：比如第一种要求你把900万缴足；第二种新股东把钱投进来后，你再把900万放进来；第三种，原始股东减资；等等。这种情况下将给计算公司估值带来极大的麻烦和障碍，同时，也将带来股权分配的风险。

看来，企业注册资本的多少，还是要理性对待，量力而行。

75. 少用亲朋好友

创业者大多是具有一定的侠义精神的,他们不仅仅希望自己能够过上好日子,他们还希望能带着那些帮助过他们的人一起实现财富自由。

理想很丰满,可是现实很骨感。**你的公司里亲朋好友越多,你就越难做大,因为你会遇到比其他人更多的麻烦。**

具体会出现什么问题呢?主要有以下四种:

第一,人情照顾。公司在发展过程中,一视同仁是非常重要的。可是当公司有自己的亲朋好友存在时,你的执法尺度就会产生变形。

举个例子:公司规定每个员工每个月可以迟到三次,超过三次的,迟到一次罚款 100 元。如果是公司的普通员工,那么当他迟到第四次的时候,你就很有可能罚款 100 元,主要是为了让员工能够遵守公司的规章制度。

可是万一这个人是我们亲戚中的一个晚辈呢?孩子初入职场,父母叮嘱你要照顾,原本在制度规定内的例行罚款,因为关系的原因，变成了一个复杂的麻烦事儿。

可能我们会说："我没有用什么亲人，只是会在创业初期让自己的老婆到公司帮忙而已，这也不行吗？"

并不是说不行，从历史上来看，也有很多夫妻创业成功的。只不过我们要最大程度做到公平、公正。

依然以迟到的案例来举例，有时候自己的老婆送孩子，来公司迟到了，这是不是可以理解的事情？可是公司既然已经有了规定，那么就应该罚款，而不是因为她是老板娘就让这件事算了。

就算老板真的想要做到公平、公正，可是当大家知道她是老板娘时，哪位员工会这么大胆来让老板娘交罚款呢？

第二，任人唯亲。 任人唯亲是家族企业最明显的特征，有的企业因为在创业之初是兄弟几人合伙创业，随着公司越做越大，这几个兄弟的儿子、女儿全都进入这家企业工作，这也导致公司很多关键位置都是老板的亲戚，这也会让那些有能力的人有了跳槽的打算，因为他知道自己是一个外人，很难顶替掉谁的位置。与其在这家公司浪费青春，不如换一家公司，说不定会有更好的发展。

站在创业者的角度，也许公司在一开始的时候，确实需要一个自己信得过的人来担当重任，比如财务。

可问题是如果公司在一开始就用了自己的亲朋好友来做这个重要的职务，那么员工们在做事情的时候，也会对财务礼让三分，这就丧失了最基础的公平原则。更重要的是，公司的财务是自己信得过的人，那么合伙人则又会认为你与你的亲朋好友可能会合伙偷走公司的财产。

因此，任人唯亲是有利有弊的。总体来说，弊大于利。

第三，滥用职权。 当我们将自己的亲朋好友放在一个重要位置后，也意味着给了他很大的权利。此时，他们也会有自己的私心，说不定也想在公司培养自己的亲信团队，遇到那些跟自己对着干的同事，会想尽一切办法排挤，最终让公司内讧不断。

最重要的是，滥用职权会让公司只剩下一群争夺名利的人，少了一群真正做事的好员工。毕竟自己不与某个领导站在统一战线就会被打压，这种公司氛围谁喜欢啊？

再加上员工有一定的能力，到哪里不能找到一份好工作呢？

第四，越权插手。 如果老板的亲朋好友都是踏踏实实做事的人，那还不错。怕就怕有些人仗着自己与老板的关系，在公司里乱指挥，美其名曰"为公司好"。

这种事情一点儿也不少见。举个例子：一个员工正在接受直属领导的培训时，老板的亲朋好友可能会感觉这个领导培训得不对，就想去立刻纠正，搞得领导颜面尽失。有时候也会指挥已经很忙的员工去干别的事情，搞得员工怨言不少。

因此，少用亲朋好友，整体还是利大于弊的。如果我们真的欠别人人情债，那么最好是通过公司以外的关系来还。因为一旦将人情债卷入到公司的事务当中，则是进退两难。

76. 广告语不要大而全

品牌广告语不要追求大而全，大而全则意味着冗长，想面面俱到地顾及每个卖点，其后果就是什么也顾及不到。

同时，追求全面将不可避免地用更多字数去描述，**而"字数多"是优秀广告语的天敌**。简短有力的口号性语句更利于重复、记忆和流传。

吸引眼球的广告语，在不违背我国现行《广告法》要求的前提下，要具备一定的趣味性与创意，甚至是适度地夸张。"严谨"会带来小心翼翼，最终将流入平庸。

对于企业来讲，品牌发展的不同时期，可以根据不同时期的主攻方向来定制创作广告语，每个阶段的产品广告语代表着不同时期的使命。以饮用水中的鬼才"农夫山泉"为例，这个**"大自然的搬运工"**就将广告语创作发挥到极致。

农夫山泉矿泉水在上市之初，并没有选择和当时市面上的娃哈哈、乐百氏、康师傅等纯净水正面竞争，也没有走低价路线，而是推出天然水，主打健康的卖点。

围绕"天然水"这个市场产品新定位的概念,农夫山泉打出**"农夫山泉有点甜"**这句广告语,从口感方面强调农夫山泉口味的不一样,"甜",不仅是口感更好喝,更突出天然水的特质。要问农夫山泉水真的甜吗,很多人表示并不觉得,但这并不妨碍农夫山泉销售,"有点甜"也只是营销传播概念而已。

农夫山泉的水采用天然的泉水,如何让大众感知到水是甘泉呢,农夫山泉用了"有点甜"这样一个传播概念,并不要求水一定得甜,而是甜水代表着天然泉水,这样大众能够迅速感知。

在之后,"天然饮用水"概念激活市场并获得消费者的广泛认可后,"饮用水品质"的强调成为企业向市场和消费者传达的重心。于是,农夫山泉又相继通过打出**"我们不生产水,我们只是大自然的搬运工""什么样的水源,孕育什么样的生命"**等口号,突出农夫山泉口感清甜、水源天然的卖点,并通过瓶身营销、跨界营销不断征服消费者。

为了配合后续广告语在人们心中的强化,让消费者更好地感知到农夫山泉水质的优良,企业又相继打出营销组合拳——2018年前后,农夫山泉推出的一支水源地广告,采用实景拍摄的手法,拍摄了这座山与森林中的生灵万物,展现了农夫山泉水源地的生态环境,画面中长白山的动物灵动可爱,带给消费者美好联想。

由此，凭借有着广泛传播力的广告语和金句文案，农夫山泉不断将品牌形象打入受众心智，不仅奠定了其行业大佬的地位，还被网友戏称为"一家被卖水耽误的广告公司"。

说到这里，想起不久前，我们为一个主打鸡汤销售的餐饮品牌设计广告语，品牌方更多想强调的是鸡汤的健康营养无添加，以区别行业内其他品牌的"科技与狠活儿"，作为我们广告语创作的一贯原则——不追求全面和严谨，哪里的鸡、怎么喂的、鸡汤的营养比例构成、对人体的好处等一系列的卖点都被淘汰掉了，最后只留下了六个字：

"好鸡汤，只放盐。"

77. 选址不要吃独食

实体店经营，门店位置定输赢，好的选址是成功的一半。

而有些老板，在选址上总喜欢另辟蹊径，更倾向于在市场空白的区域添加自己的品类，以求其在商业竞争中的压力能够减少，这是一个极其危险且错误的想法。

原因很简单，大众消费的品类有从众性和消费惯性，一条街如果全是服装店，久之，周边的消费者和客群就会培养出在这条街逛街购物的消费习惯，餐饮行业同理、汽车用品配件行业同理、夜市地摊更是如此，这是市场经济中的抱团取暖行为。

实体店选址，如果能跟着"流量之王"来开店，大概率是可以提高我们选址成功的概率的， 可是我们如果背其道而行，为了减少市场同行业竞争而开在其他地方，最后就是灰溜溜关店。

其实最根本原因就是我们没有学会"跟大哥混"的策略。

在国内的"洋快餐"领域，我们会发现一个现象，很多有麦当劳的地方，必有肯德基，两家店位置不远。

有人认为这是肯德基在跟着麦当劳开店，也有人认为是麦当劳在跟着肯德基开店。

事实是，两家店刚开始可能会存在一定的相互跟随的现象。因为两家店的定位、产品、品牌认知等都是差不多的，采用跟随策略确实是一种非常聪明的战略。随着店铺数量越来越多，两家店都拥有了一定的开店经验，就算不采用跟随的策略，也经常会"心有灵犀"。

据了解，麦当劳开店的标准很高，如果决定在某个商场开店，一定会考察这个商场的周边人口数量、消费能力以及交通优势，只有各方面的条件都通过之后才会决定开设。

麦当劳的选址其实是可以给肯德基一定帮助的，毕竟麦当劳这么严谨的品牌决定在这里开店，流量大概率差不了。

特别是在我们的店铺数量大幅扩张时，没有太多的时间和精力来进行选址，那么相对偷懒的方法就是跟着"对标品牌"混。只要彼此之间的目标客户差不多，这就是非常可行的策略。

其实国内的有些珠宝品牌就是采用了跟随策略，LV 开在哪里，它就会开在 LV 的隔壁。只要人们看到 LV，就会看到这家店。不知不觉，它就把自己跟奢侈品画上了等号，也能卖出去不少货。

可能我们的目标用户并没有那么多钱，只是普通的上班族，那么该怎么跟随呢？

如果我们是做餐饮的，最好就跟着蜜雪冰城混，这是一个相对比较省劲的选址策略，这不一定总是成功，但是从概率上来看，成功可能性会更高一点儿。

因为蜜雪冰城早就通过自己的一系列营销，将品牌认知装进了消费者的脑袋里，主要吸引的就是喜欢性价比的年轻人。如果我们做的餐饮也是主要针对年轻人，并且主打性价比，那就可以跟着它混。

需要注意的是，蜜雪冰城只是一个举例，并不是建议大家立刻去执行。因为蜜雪冰城店铺数量实在太多了，一定会有选择位置失误的店铺，这个只是作为参考，如果能加入自己的一些实地考察，就会好很多。

除了开店创业能够采取跟随策略之外，不管是人生还是投资理财，也能从中狠狠受益。

78. 价值投资的四个陷阱

有人常常会问："为什么自己一直在坚持巴菲特的价值投资理论，却依然赚不到钱呢？"

这也让我想起了之前高瓴资本张磊写过的一本书《价值》，他在书中指出了价值投资常见的四个陷阱，很多人是容易掉进去的。张磊提出的这四个陷阱不仅仅可以用来投资二级市场，投资一级市场也同样适用。在此分享给大家：

第一个陷阱：价值陷阱。众所周知，一家公司的股票价格会围绕着公司的价值上下波动，当股价高于价值的时候，这家公司的股票价格就被高估了。当股价低于价值的时候，公司的股价则被低估了。

从理论上来看，如果我们想要坚持价值投资，就要去寻找那些价格低于价值的股票。可是具体怎么寻找呢？很多人是不知道的，我们最简单的参考工具就是一家公司的市盈率。当一家公司的市盈率高于 20 时，公司的股价可能就被高估了。当市盈率低于 20 时，公司的股价就可能低估了。

于是乎，有很多人为了保险起见，专门寻找市盈率低于

10 的股票。很多人相信只要自己做"时间的朋友"就能从中赚到钱,可是很多人失望地发现,这些股票就是垃圾。不是没有成交量就是盘子太大,没有人愿意拉升股价。

其实,之前巴菲特也犯过同样的错误,总是想要低价捡一点儿低市盈率的股票,可是他经常发现那些市盈率更高的股票在上涨的时候会更猛,反而是这些低市盈率的股票上涨幅度会比较小。

第二个陷阱:成长陷阱。在躲过了价值陷阱之后,你还会迎来成长陷阱。顾名思义,我们认为一家公司可以快速成长,因此市值应该更高,事实真的如此吗?

对于投资者而言,我们肯定喜欢那些业绩快速增长的企业,不管未来怎样,至少可以在短期内带动股价的上涨。

不过公司业绩的快速增长也是要分情况的,有的公司是因为某个原材料价格上涨,出现了业绩上涨的情况,这种业绩增长是不可持续的。任何原材料的价格都不可能一直不断上涨,等价格下跌的时候,公司业绩必然会下滑。

还有一种情况是公司刚好赶上了某个时间节点,因此业绩大涨,但是这种增长趋势是不可持续的,因此,投资这种企业就会具有一定的投机性,谁也不知道股票价格什么时候会跌,大家都在期待自己不是最后一棒。

真正的快速增长是因为公司切入了正确的赛道，获得了一定的先发优势，引发了网络递增效应，从而可以确保这种增长趋势可以一直持续下去，至少可以在最近10年之内不会出现增长不动的情况，这才是一家具有优秀成长性的公司。

第三个陷阱：风险陷阱。这个世界比较公平的一点就是你在用超过同行的速度增长时，你的风险也在加速增长。房地产企业就是一个非常明显的案例。理想状况下，房子应该是开发商先去拿地，然后去建造，建造好了之后，再卖给买房的人。这样房地产企业虽然赚钱速度较慢，但至少是稳扎稳打，不担心市场调控的风险。

可是有很多房地产企业不满足于这种现状，于是开始大规模拿地、大规模开发、大规模卖期房，公司也免不了大规模负债，有的公司总负债接近2万亿元，这个数字着实吓坏了不少人。

按理说，这种模式也是可行的，只要房价一直上涨就行。可问题是，当房价上涨速度远远超过了人们的收入增长速度时，房价下跌是早晚的时候，那种大幅度扩张的房地产公司也是要出现大问题的。这样的公司股价虽然在一定时期内会出现股价上涨的情况，但是你永远不知道公司的风险什么时候就爆发了，那时股价也会"飞流直下三千尺"。你账户上的浮盈很快就会变成巨额亏损。

第四个陷阱：信息陷阱。所有人在投资的时候难免会参考一些外界的信息，但是我们一定要有信息的处理能力。特别是股市中，有太多虚假的信息，这可能是庄家故意释放出来让你看到的。因此，很多时候，我们看到的利好，只是别人想让我们见到的。我们需要建立起一套自己的信息处理系统，用最客观的角度分析出一家公司的价值，不要轻易被市场上的消息所误导。

79. 品牌起名常见误区

营销大师艾·里斯说过,**"从长远来看,对于一个品牌,最重要的就是名字。"**

名字,也是企业品牌的第一个广告。其实,所有为品牌所做的投入,最终都会汇聚在它的名字上。

一个好的名字,就像一个挂钩,能使品牌和潜在顾客的心智建立起链接,能够时时唤起人们美好的联想,减少传播成本;反之,一个不恰当的名字,会让品牌声誉大打折扣。

一个错误的名字也会给品牌带来负面的影响,甚至阻碍品牌的生长。那么,品牌起名过程中,最容易掉入的坑都有哪些呢?

(1) 太有文化

不要在命名中故意通过那些难懂的或者笔画过多的字,来表现自己的独特或是"很有文化"。

生僻字不要用、多音字不要用、外文不要用。

蚂蚁商联的另一个自有品牌"饕厨",主打健康的家庭食材。该品牌名的本意是让人们在识别这个名称时自然而然联想到厨房中的饕餮盛宴,但是笔画繁多,很难辨认。

(2) 引起歧义

在使用文字的谐音命名时,同样要避免让人产生负面或容易混淆的联想。比如连锁沙拉店名叫"大开沙界",这个名字的发音很像"大开杀戒",很容易引起消费者的不适,所以一直被诟病,最后关门大吉。

品牌"Red Bow",意为"红色蝴蝶结"或"红色的弓",似乎是服装或运动器材品牌,无法让消费者将其与它的产品——宠物类食品及用品联系在一起。而其中文品牌名"睿德宝瑞",发音拗口,记忆困难,十分不利于传播。

(3) 低俗趣味

曾经有个炸鸡的外卖品牌为了博出位,起了个名字叫"叫了个鸡",在网络上引起热议。后来又有个烤鸭品牌也跟风,起名为"叫个鸭子"。虽然这些名字的确很吸引眼球,但终究登不了大雅之堂,也不符合主流价值观。

最后的下场,只能是被工商部门勒令整改。

无独有偶，主持人李晨曾经推出一款名叫"MLGB"的服装潮牌，也被法院判定为低俗商标。尽管公司坚持称这个名字的含义是"My Life is Getting Better"，但是相关部门还是认为它在网络语境中存在着不良影响的含义，是恶意地打擦边球，格调低下，因此不允许它在市场上进行推广。

（4）文化差异

大润发另一自有品牌"FP 大拇指"，定位物美价廉的流量商品。大拇指代表的是"好""棒"，含义正面。但"P"在中文中谐音"屁"，并不雅观，也略有些不妥。

渣打银行是英国历史最为悠久的银行之一。"渣打"其实是其英文全称中"Chartered"的音译，原意是特许的、有许可证的。但"渣打"这两个字容易让人的联想到人渣、打架等不和谐的词语，与银行应有的安全、保障、专业等属性毫无关联，也因此增加了该银行的信任成本。

由此可见，在品牌命名时违反人性，触碰这些雷区，就像是一个人穿了双二十斤重的铁鞋，会消耗你更多的能量在这些不必要的地方，让你每一步都很沉重，其实，你本可以走得更轻松。

给品牌起名字，是一种对文字信息进行高度浓缩的过程。

在品牌运营、发展的过程中,我们要对企业的各种信息进行筛选处理,要将各种复杂的、难以消化的产品资料,变成尽可能精炼的、适合传播的信息。就像企业的形象识别系统一样,我们要建立起企业的语言体系。

品牌名,就是一切围绕消费者,利于消费者传播的、降低消费者选择决策的一个词语。什么是命名?**"命名就是成本、命名就是召唤、命名就是投资"**。

80. 实体店不要做公域流量

先要做一下名词解释。

什么是"公域流量"？

公域流量：简单地说，就是公共平台的流量；比如淘宝、抖音平台的流量，就是公域流量。

私域流量：与公域对应的，就是属于自己的流量。比如微信、社群、企业官网，就是私域流量。

从字面理解，公域流量就是流量公共所有，私域流量就是流量私人所有，这是两者的区别。打个通俗的比方：

一条繁华的商业街，每天过往的客流量就相当于公域流量；你在这条商业街上开了一家门店，每天进出你门店的客流量就相当于私域流量。公域流量就如同一个公共鱼塘，大家都可以在里面钓鱼；私域流量就如同一个私人鱼塘，自己养的鱼自己钓。

小微企业和大部分实体门店，如果将过多的资金投入到

打造平台公域流量上面，大概率是短期的热闹，最终则是"为他人做嫁衣"。

最近几年，短视频平台凭借着公域打法，让无数自媒体从业者投入其中，造成了内容行业的大爆炸，最大的一个短视频平台月活跃用户数已经超过 8 亿。

这些短视频平台最大的特点就是"公域"，平台负责把数亿的用户留在平台，这些用户是所有创作者的潜在触达对象，只要你的内容有趣、有深度、有质量，不管你有多少粉丝，哪怕是刚注册的账号，依然可以获得巨大的流量，并且快速积累众多粉丝。

粉丝数量达到一定程度，自然会有广告主找上门，就这样一批又一批的网红从这场历史性的机会中赚到了大钱。但是，那些想要通过烧钱做账号的公司也会遇到这样的问题：花钱就有大流量，不花钱流量立马下降。这就是公域平台最大的缺点。

尤其是，小微企业与大部分的实体门店，是不具备大企业大额支付营销费用购买公域流量的资本的。因此，不管我们是创业者还是平台创作者，都要意识到一件事，公域流量只是我们可以用来满足自己需求的一个杠杆，不要把所有的希望寄托在公域本身。

公域最大的价值就是为私域服务，让它成为公域转私域的介质。

私域包括什么呢？它包括：公司 APP、聊天群、朋友圈、经销商、某众号等。因为这些渠道并不会因为你的一个不好的表现就出现不触达用户的情况，我们也可以通过这些渠道得到用户更好的反馈，给予用户更好的产品体验。也许经营私域的方式有点儿老套，或者容易让人产生倦怠感，但是这依然是公司最核心的价值。

公域给人的感觉非常华丽，你甚至可以短暂享受这般华丽，但是它始终都不属于你，任何人都不例外，因为这些用户只是平台独家的私域而已，这也是平台价值千金的主要原因。

公域虽然不属于任何人，也很难真正让人驾驭，但是我们是有希望将这些公域转化为部分私域的，只要我们能转化更多的私域，企业和品牌的价值自然也会更高。

81. 营销不要偏离消费动机

在一个品牌和企业的宣传过程中,"走红"和"持续走红"之间有什么不同?如果用营销学的逻辑解释这件事,那么则是:

所有能持续走红的品牌,都牢牢把握住了顾客的"消费动机",而仅仅是红过的品牌,都或早或晚偏离了顾客的消费动机。

人会因为很多原因而去消费,学术点儿的说法叫"消费动机"。但值得注意的是,有些消费动机是短暂的,有些消费动机则更加持久。

比如,我们去便利店买一瓶饮料,消费动机就有很多种:

好喝解馋、夏天解渴、无糖零卡、刚好打折、包装颜值高、联名限定款、同行人推荐……

以上这些消费动机,前几个明显是主要的、硬性的、核心的,而越往后的动机则会越随机、越边缘。**用户的消费动**

机越靠近核心，证明用户越会因为产品或服务本身而消费，这种消费行为就会持久、稳定。

用户的消费动机越靠近外缘，证明用户更可能是随机消费，消费行为就是偶发的、没有持续性的。

衡量一个事物会不会短寿，最简单的方法就是看：**走红的点，是不是靠近它的核心消费动机**。

在 2022 年，短视频平台曾经月销千万的某直播账号，在名字后面加上了"解散中"的字样。

该账号最初是因为"蹦迪式卖货"走红的。在直播间里，她们很少介绍产品信息、卖点，却总是跟大家说什么"买个开心就好"。

在业内人士看来，该账号解散的结局，其实是命中注定的事情。

因为直播模糊了粉丝进入直播间的目的，当来看热闹的人多于买东西的人。你的直播就从"卖货"变成了一场"表演"。

对于直播间而言，人们进来的动机是买东西，而不是看表演。

触发我们购买的核心动机应该是"低价""质优""产品新奇特",触发我们的边缘动机则有"主播是不是靓丽""直播间氛围是不是有趣"。

无独有偶,这两年,中国山东有两个地方火了,一个叫淄博,一叫曹县。

名不见经传的曹县出现在大众视野中,是因为一个当地的一个网红,在直播时喊出了"山东菏泽曹县666""宁要曹县一张床,不要浦东一套房"的口号,引来很多网红的夸张模仿。

关注曹县的人多了,它的棺材和汉服产业,被人挖了出来。

而淄博爆火是因为疫情封控期间,有一群大学生跟淄博政府约定了,等到春暖花开,来淄博吃烧烤。

心怀感恩的大学生们,把赴约视频发到抖音上,经过网络发酵,淄博烧烤一夜成名。

显然,淄博会比曹县火得更持久。

因为曹县的火,火的只是一句网红喊麦的口号、一个噱头,而淄博的火,火的是淄博政府的人文情怀、是淄博烧烤这样的产品。

人们会为了烧烤来淄博旅行,但不会因为买棺材板和汉服来曹县闲逛。这种现象被称为"消费动机的错位"。

大家往往认为,只要稳住了流量就能持续火下去。但流量是果,而不是因。

持续的流量,来自用户持续的消费欲。只有稳住用户的消费动机,才能长红不衰。

最好的走红,是红在产品和服务本身上。越接近产品和服务本身,你的走红越能给你带去实际利益。 这一原则,在餐饮界的网红餐厅和网红品牌上都适用。

(全文完)